DU DUEL.

DISSERTATION

LUE A LA RENTRÉE SOLENNELLE DE LA CONFÉRENCE DES AVOCATS PRÈS LA
COUR ROYALE DE TOULOUSE,

SÉANCE DU 16 DÉCEMBRE 1843,

PAR

M. EUGÈNE LAUZERAL,

Avocat.

TOULOUSE,
IMPRIMERIE DE A. CHAUVIN ET COMPᵉ,
RUE MIREPOIX, 3.

1847.

DU DUEL.

DU DUEL.

DISSERTATION

LUE A LA RENTRÉE SOLENNELLE DE LA CONFÉRENCE DES AVOCATS PRÈS LA
COUR ROYALE DE TOULOUSE,

SÉANCE DU 13 DÉCEMBRE 1845,

PAR

M. EUGÈNE LAUZERAL,

Avocat.

TOULOUSE,

IMPRIMERIE DE A. CHAUVIN ET COMP^e,
RUE MIREPOIX, 3.

1847.

DU DUEL.

MESSIEURS,

Au milieu de l'immense travail qui s'opère de toute part dans le monde des intelligences, s'est élevée et s'agite depuis longtemps, toujours palpitante d'intérêt, une question de la plus haute importance.

A l'animation des débats qu'elle a soulevés parmi les plus éminents des philosophes et des hommes d'état, au retentissement qu'elle a produit à diverses époques, il a été facile de comprendre qu'il s'agissait de résoudre un de ces graves problèmes, comme en présente quelquefois, aux méditations des penseurs, la vie sociale des peuples.

Née presqu'en même temps que les sociétés modernes, cette question a été, pendant plusieurs siècles et au sein même de la civilisation, l'objet perpétuel d'une lutte sérieuse, je pourrais dire sanglante, entre les mœurs et la législation.

Chose étrange! quand on considère les diverses phases de son histoire, il semble qu'elle ait eu jusqu'ici la triste destinée de voir sa solution, pourtant si étroitement liée aux grands principes de la religion, de la morale et de la justice, s'éloigner à mesure que la discussion la pressait plus vivement.

Il est vrai que l'ancienne législation, d'accord en cela avec une sage philosophie, l'avait énergiquement tranchée; mais, plus prudents ou moins courageux, les publicistes et les législateurs modernes, effrayés sans doute par l'opiniâtre résistance de l'opinion, ont hésité! Ils se sont arrêtés comme incertains s'ils devaient se prononcer nettement, ou si le doute ne serait pas encore un besoin.

De nos jours surtout, et l'on ne doit pas s'en étonner dans un siècle où la lumière jaillit de toute part, cette question s'est reproduite avec un nouvel éclat. Moralistes et philosophes, publicistes et législateurs, tous s'en sont occupés dans presque toutes les parties du monde où la civilisation répand ses bienfaits; et, presqu'en même temps, les tribunes parlementaires des deux mondes ont retenti des discussions les plus brillantes qui, rapportées avec empressement par une presse vigilante, ont provoqué de sa part des réflexions et des commentaires qui témoignent bien haut de la gravité de la difficulté.

De quoi donc s'agissait-il, messieurs, et quelle était cette question dont la solution, avons-nous dit, se rattache à des intérêts sociaux et d'humanité?

On s'était demandé et l'on se demande encore chaque jour, si une vieille institution, qui compte déjà plus de deux mille ans d'existence, un usage bizarre issu de la barbarie, qu'on a qualifié avec raison de préjugé rebelle, successivement adopté, proscrit ou toléré par les lois, profondément invétéré dans les mœurs où il règne en tyran, souvent modifié ou transformé suivant les temps, mélange inexplicable de loyauté et de perfidie, de courage et de lâcheté, de justice et d'iniquité, défendu par quelques-uns, condamné par le plus grand nombre, à peu près subi par tous, devait disparaître entièrement de nos mœurs et trouver dans nos codes une juste répression, ou bien au contraire s'il ne conviendrait pas d'attendre, du progrès de la civilisation, du développement de la raison publique, l'anéantissement de ce préjugé qui se présente comme ayant fait pendant long-temps la police des mœurs, et qui s'est toujours prétendu, à tort ou à raison, le défenseur du sentiment que l'homme élève à bon droit au-dessus de tous les autres, *l'honneur!*

Ce préjugé dont je veux parler, cette vieille institution des mœurs anciennes et des nôtres, cet usage barbare, vous l'avez tous déjà nommé : C'EST LE DUEL.

A ce mot, messieurs, je le comprends, la raison se révolte et l'humanité frémit; la loi, comme instinctivement, menace de s'armer, car les souvenirs qu'il évoque nous apparaissent dans l'histoire entourés d'un nuage de sang ; et pourtant, il réveille aussi dans notre esprit, par un bizarre contraste, les idées les plus chevaleresques et les sentiments d'une véritable bravoure.

Peut-être ce mystérieux assemblage du crime et de la vertu pourrait-il expliquer la faveur étrange dont a joui ce préjugé !

Après plus de vingt siècles, cette question n'est pas encore résolue : que dis-je ! elle est encore entière. Et tandis que, d'une part, des hommes bien intentionnés soutiennent que le procès fait au duel touche à son terme, ou plutôt est jugé; de l'autre, des penseurs éminents disent tout haut

que ce préjugé est un mal nécessaire, et le législateur
se tait.....

Il est temps cependant que l'on s'explique. Ici, l'indiffé-
rence et un plus long retard seraient coupables. On ne saurait garder le silence quand il s'agit d'examiner si un fait
constitue ou ne constitue pas un crime.

Pour notre pays, surtout, la question est urgente et
présente un intérêt bien actuel. Ce n'est pas sans étonne-
ment, en effet, que l'on compare l'état de notre législation
sur ce point avec celui des législations étrangères. Nous,
comme le fait remarquer un savant, habitués à donner à
nos voisins l'exemple du progrès, sommes forcés de
reconnaître aujourd'hui leurs avantages à l'égard de ce
préjugé.

Il ne faudrait pas cependant s'alarmer de ce retard. La
question du duel est un immense procès où l'honneur
semble engagé, et ce n'est pas avec précipitation que la
terre classique de la loyauté et de la bravoure peut se
prononcer.

Comme les autres et longtemps même avant les autres,
notre législateur avait frappé le duel comme immoral;
mais mieux réfléchi, il a pu croire que cette institution,
toute barbare qu'elle est, comblait une lacune dans la
législation, et que le duel, selon le langage d'un auteur
qui a récemment écrit sur la matière, « avait placé son
» camp sur les limites où le domaine de la loi confine avec
» celui de la conscience, dans cet endroit d'une suzeraineté
» incertaine où ni l'une ni l'autre de ces deux puissances
» n'est à même d'exercer pleinement son autorité. »

Sans reconnaître la légitimité de cette juridiction de fait,
ne se pourrait-il pas que le duel eût exercé une certaine
mission ? Et dans le cas où il serait reconnu que cette mission a été funeste à l'humanité, ne serait-il pas vrai que

nos lois impuissantes à le punir eussent besoin d'un complément?

J'ai cru digne de vous, digne de cette solennité, d'arrêter quelques instants vos pensées sur un aussi grave sujet.

Ce n'est pas un traité que je veux faire; mon intention n'est pas non plus de vous présenter un résumé de tout ce qui a été dit par les auteurs sur cette importante question.

Ce travail, qui deviendrait fastidieux à entendre, voudrait d'autres limites que celles d'une simple dissertation, et la tâche serait, d'ailleurs, au-dessus de mes forces.

Examiner les suites du duel, relativement à notre législation pénale, telle qu'elle existe aujourd'hui, pour savoir si l'homicide ou les blessures qui sont le résultat du duel peuvent être incriminés;

Etudier ensuite ce préjugé dans son but moral, c'est-à-dire dans sa nature philosophique, pour savoir s'il est nécessaire de l'incriminer, non-seulement dans ses suites, mais encore dans la convention qui le précède;

Indiquer, enfin, à grands traits, la base du système de répression à e   r:

Voilà, messieurs, les trois points principaux que je me propose d'examiner; toutefois, après les avoir fait précéder d'un exposé rapide, mais indispensable, de la marche du duel dans les mœurs et dans la législation.

Encore ce travail comporte-t-il, vous le pressentez, d'assez larges proportions. J'ai fait ce que j'ai pu pour le restreindre. Heureux, si la bienveillance dont vous m'avez honoré, dont vous m'avez donné une preuve si éclatante en me confiant cette mission, me conserve jusqu'au bout votre attention dont je crains d'abuser.

L'histoire du duel, dans les mœurs et la législation, pré-

sente les péripéties les plus étranges. En France, particulièrement, il naît, se propage et se transforme; mais ses
variations sont si nombreuses, si extraordinaires, que l'on
a peine à le suivre, à constater son identité.

Il est bien cependant, toujours et à toutes les époques,
cette convention par laquelle deux personnes prennent les
armes pour arbitres d'une querelle privée.

Tout porte à croire que le duel proprement dit ne fut pas
connu des nations antiques; leur histoire n'offre rien de
semblable. On y trouve bien des exemples de combats singuliers; mais c'était, en quelque sorte, des guerres rédui-
tes entre deux ou plusieurs champions, appartenant à des
camps opposés. Ce genre de combats, qui se rattachait à la
cause de tout un peuple, présentait l'avantage d'éviter l'effusion du sang. Quant aux passes-d'armes, tournois et
autres combats fictifs qui faisaient le spectacle des anciens
peuples, ils n'avaient pas le caractère distinctif du duel, qui
est, avant tout, un acte malheureusement trop sérieux.

C'est au milieu des peuplades sauvages de la Germanie,
qu'il faut placer la naissance du duel. Selon les uns, l'indépendance des mœurs de ces peuples, qui guerroyaient à pro-
pos de tout, l'aurait produit; d'autres ont pensé qu'il avait
été, dans le principe, un moyen de prévenir le parjure; il
en est enfin qui trouvent l'origine de ce préjugé dans l'usage
où étaient les peuples de la Germanie de chercher le pré-
sage de la victoire, quand ils étaient en guerre avec leurs
voisins, dans les chances d'un combat singulier.

Quoi qu'il en soit, cet usage ne resta pas seulement
dans les mœurs et les coutumes où il s'était fortement cons-
titué : il passa rapidement dans la législation, et c'est là que
son objet se dessine d'une manière plus sensible.

Gondebaud, roi de Bourgogne, dans une loi connue sous
le nom de *loi gombette*, promulguée en 501, organise le

duel comme institution judiciaire. Il est reconnu dès-lors comme un moyen de preuve dans les affaires criminelles. Peu de temps après, cette preuve est étendue à certaines matières civiles.

Sous le nom de gage-de-bataille, de combat en champ-clos, le combat judiciaire ou jugement de Dieu se répand chez tous les peuples d'origine germanique. Toutes les classes de la société, sans distinction, étaient soumises dans le principe à cette épreuve. Les avocats se battaient pour leurs clients, la partie contrôlait la décision de son juge par le combat; les femmes n'en étaient pas dispensées, et les ecclésiastiques eux-mêmes se virent plusieurs fois obligés de venir se purger d'une accusation par le combat judiciaire. Toutefois, il trouva, même à cette époque, de courageux adversaires. Le haut clergé, à qui la science et les bonnes inspirations ne firent jamais défaut, protesta contre cet usage insensé qui, par une odieuse profanation, transformait le sanctuaire de la justice en arène de gladiateurs.

Le règne de Charlemagne, qui brille comme un éclair de civilisation dans cette époque ignorante et barbare, ne put amener à cet égard d'amélioration sensible. Les combats sanglants continuèrent après lui et le fanatisme des champions fut tel, que, croyant faire une noble et sainte action en se battant, ils commencèrent leur épreuve par une messe apelée *missa pro duello*, et la terminaient, s'ils étaient vainqueurs, par des actions de grâce, dans des cérémonies auxquelles, malgré sa répugnance, l'Eglise prêtait son concours.

Néanmoins, ne pouvant combattre le préjugé d'une manière directe, les papes et les conciles voulurent essayer d'en restreindre l'usage par des moyens détournés, et, en 1041, sous Henri Ier, une décision vint établir ce que l'on appela la paix de Dieu, *treuga Dei*. Depuis le mercredi jusqu'au lundi de chaque semaine, en mémoire, est-il dit, de la passion de Jésus-Christ, il fut expressément défendu de donner suite à aucune querelle privée. C'était, on le voit, une sorte de transaction entre la religion et le préjugé.

A cette époque, des circonstances diverses, en pressant la marche de la civilisation, durent s'opposer vigoureusement au développement du combat judiciaire. Le progrès du christianisme, la découverte du manuscrit du Digeste à Amalfi, en 1137, enfin le mouvement général que les croisades avaient imprimé aux esprits en Occident, tout cela devait nécessairement combattre les idées barbares et superstitieuses du moyen âge, de cette époque qu'un auteur a si bien caractérisée, en disant qu'elle fut « l'ignorance au moral et la force au physique. »

Il semblait que l'âge d'or du duel fût passé.

Sous l'influence de ce progrès, Louis VII rend une ordonnance pour restreindre le duel. Il déclare que, désormais, ce   preuve ne sera point admise si la valeur du litige n'excède pas cinq sous. .

La sagesse de saint Louis devait faire davantage. Ce roi voit l'étendue du mal et il veut le guérir, autant, du moins, que les temps le permettaient. La preuve résultant du combat judiciaire est abolie et remplacée par la preuve au moyen des chartes et des écrits.

Mais, à l'époque dont je parle, la royauté partageait encore sa puissance avec la féodalité. Le roi n'était guère que le premier seigneur de son royaume et ses édits n'étaient pas obligatoires au-delà des limites de ses domaines. Aussi ses dispositions contre le duel ne furent-elles appliquées, dans les autres parties de la France, que quelque temps après leur promulgation.

Il importe de remarquer que le combat judiciaire avait déjà perdu son premier caractère. Il n'était plus un moyen de preuve. Énergiquement défendu après le règne de saint Louis, il ne se livrait plus sous les yeux des magistrats. Repoussé par la législation qui infligeait aux duellistes la mort et la confiscation de leurs biens, il s'était réfugié dans les mœurs pour y venger ce que l'on était convenu d'appeler *le point d'honneur.*

C'est là la véritable origine du duel tel que nous le comprenons aujourd'hui; c'est-à-dire que, dès ce moment, le duel n'est qu'une guerre privée dans laquelle un simple individu, usurpant le pouvoir souverain, substitue son autorité à celle de la loi.

Pour réprimer ce préjugé d'une manière plus efficace, ou du moins, pour le restreindre autant que possible, Philippe-le-Bel imagina d'en réglementer les formes, ne l'autorisant que dans certains cas très-graves qu'il se proposait d'apprécier lui-même. Quelque étrange que pût paraître un tel moyen, il avait sa raison : c'était d'empêcher que l'on ne se battit hors de la présence du juge.

Cette tactique ne réussit pas. Les rencontres se renouvelèrent et l'on s'inquiéta fort peu de l'autorisation du prince. Néanmoins, il faut le reconnaître, les choses avaient considérablement changé depuis saint Louis. Une véritable révolution s'opérait, chaque jour, dans l'état social. L'unité politique tendait à se constituer. La royauté mieux établie étendait progressivement sa puissance au détriment de celle de la noblesse. Les prérogatives de la féodalité éprouvaient continuellement des réductions, et c'est en vain que la morgue des privilégiés protestait, par tous les moyens possibles, contre cet envahissement.

Dans ces circonstances, le duel, sorte d'usurpation du droit de souveraineté, devait s'offrir comme un excellent moyen de protestation. Par là, la noblesse pouvait montrer qu'elle ne relevait que de Dieu et de son épée, justifiant ainsi cette insolente maxime : *Entre toi, vilain, et ton seigneur, il n'y a pas de juge fors Dieu.*

Au point d'honneur, étaient donc venues se joindre des raisons politiques qui tenaient le préjugé du duel en état permanent de révolte contre la législation.

On comprenait pourtant de plus en plus les dangers d'un tel usage, l'iniquité de ses résultats; et les rois dans leurs nombreux édits, les états généraux dans leurs résolutions, l'Église dans ses conciles, ne cessèrent de protester.

François Ier refuse formellement d'autoriser le duel de Jarnac et de la Châtaigneraie, et ce n'est que sous son successeur que ce duel put avoir lieu. Tout le monde connaît l'histoire de cette rencontre fameuse où le favori du roi perdit la vie.

On dit que, dès ce moment, Henri II, ce prince dont le règne commence et se termine par un combat singulier, jura de proscrire le duel d'une manière absolue. Et sous son règne, en effet, on n'en voit pas d'autres au moins légalement accomplis.

Mais la première législation complète sur le duel date de Charles IX. Elle est due au chancelier l'Hospital qui médita gravement sur cette question et dont le génie fécond élabora, en grande partie, les édits qui furent rendus sous ce règne contre le duel.

Les désordres occasionnés par ce préjugé préoccupèrent aussi vivement le génie de Sully et de son roi. Ils multiplièrent les précautions pour empêcher les querelles, pour prévenir les provocations, et Henri IV ne crut pas indigne de lui de s'employer souvent pour pacifier les différends du point d'honneur; de plus, ce grand roi, qui mérita si bien de son peuple, s'engagea, par serment, à ne signer aucune grâce pour les duellistes.

Nous touchons au règne de Louis XIII, à cette époque

où le duel fut, non-seulement une protestation politique, mais aussi un travers, une sorte de mode à l'usage de la noblesse dorée, des *raffinés*, comme on appelait alors ces jeunes spadassins de la régence qui passaient leur vie dans les boudoirs ou dans les salles d'armes. Les rencontres deviennent innombrables; et le cardinal-ministre, dont la main de fer veut à tout prix écraser la puissance des seigneurs, les frappe sans pitié et avec une inflexible sévérité. Les dispositions les plus rigoureuses sont renouvelées.

Jusque-là les condamnations contre les duellistes avaient presque toujours été illusoires; des abolitions générales venaient comme périodiquement dégager les contumax; mais Richelieu sentit la nécessité de ne pas transiger : — Il faut, disait-il au jeune roi, *couper la gorge au duel ou aux édits de votre majesté*, et il ne recula pas devant la mort d'un Montmorency !

La législation de ce règne est empreinte d'une excessive sévérité.

Cependant, la politique vigoureuse de Richelieu, en réduisant la noblesse sous la puissance de la royauté, avait trop blessé son orgueil pour qu'on pût espérer, malgré tous les édits, de contenir son épée. Il fallait une volonté non moins énergique pour continuer l'œuvre.

Louis XIV frappe le duel d'une répression vigoureuse et fortement combinée.

Les peines portées par l'édit de 1679 furent, pour celui qui avait survécu, la mort et la confiscation de tous ses biens, et pour celui qui avait succombé, ne pouvant le frapper que dans sa fortune, la loi prononçait la confiscation de ses biens au préjudice de la famille.

Voulant prévenir les prétextes de duel, Louis XIV réorganise aussi l'institution du tribunal des maréchaux, établie sous Charles IX, pour amener les conciliations.

On ne saurait contester l'efficacité de toutes ces dispositions. Elles arrêtèrent manifestement la fureur du duel. Les
rencontres qui avaient été si fréquentes sous le règne précédent devinrent extrêmement rares, et Louis XV n'eut
qu'à maintenir cette législation.

Louis XVI ne la changea pas, et elle était encore en
vigueur quand éclata la révolution de 1789.

Il semblait que cette crise politique et sociale dût avoir
naturellement une influence sur le duel, ou que du moins
la législation nouvelle dût s'en occuper; néanmoins, bien
que, placé en présence d'une vieille législation spéciale qu'il
abroge, le Code de septembre 1791, laissant les esprits en
suspens, reste muet sur le duel.

Ce fut un tort grave; car, peu après, les duels, excités par
la violence des passions politiques, se renouvelèrent d'une
manière effrayante, et les corps de l'Etat se virent plusieurs
fois obligés de répondre aux doutes qui s'élevèrent de toutes
parts.

Les derniers jours de la république furent plus calmes.
Les grands événements qui s'accomplissaient dominaient
l'opinion, et la guerre donnait à l'activité des esprits une
direction autrement utile. A peine si, de temps en temps,
on vit quelques exemples de duel.

L'habitude des armes, le goût des combats, qui sous l'empire travaillèrent si vivement la nation, sembleraient avoir
été favorables au duel. Il n'en est rien cependant; jamais
les duels ne furent plus rares.

C'est peut-être ce qui explique comment le Code pénal de
1810 n'a pas rempli la lacune que présentait la loi de 1791.

Ce calme momentané faisait espérer des résultats plus
complets encore, et ceux qui avaient pensé que le progrès
des mœurs triompherait du préjugé, croyaient voir leurs
prévisions en partie réalisées.

Mais les événements de la restauration, en réveillant les dissidences d'opinions politiques, vinrent renouveler les habitudes du duel. Les épées que les traités venaient de mettre en disponibilité n'étaient pas d'ailleurs entièrement rentrées dans leur fourreau. On crut encore qu'il était digne d'un homme de cœur de trancher par les armes les difficultés qui s'élevaient, soit dans la presse, soit dans les tribunes parlementaires.

L'année 1817 vit plusieurs duels remarquables.

En présence des dangers d'une telle situation, la magistrature s'émut. On essaya de suppléer à l'insuffisance de la loi; on prétendit que le duel, dans ses suites, pouvait tomber sous l'application du droit commun, et des poursuites furent dirigées contre les duellistes. Mais la cour de cassation, par un premier arrêt de 1819, décida que le duel ne tombait sous les coups d'aucune disposition pénale. Cette jurisprudence était d'ailleurs conforme à l'opinion que les juristes et le législateur lui-même avaient émise depuis 1791. On regretta, néanmoins, l'impunité de cet acte que l'on croyait condamnable aux yeux de la morale. L'attention de la chambre fut éveillée par une pétition, et dans le courant de cette même année 1819, M. Clauzel de Coussergues présenta un projet de la loi sur la répression spéciale du duel.

Une commission fut nommée pour l'examiner, et son rapporteur, M. Pasquier, adoptant en grande partie les bases du projet, se prononça pour une répression modérée.

Il est à regretter que cette proposition faite, selon le langage de son auteur, « au nom de la religion et de l'humanité, pour le repos des familles et les intérêts fondamentaux de la société, » n'ait pas eu de suites.

L'année paraissait favorable à un pareil travail. Outre que la cour de cassation, nous l'avons vu, venait d'être saisie de la difficulté, on se rappelle que cette époque est celle qui vit naître la législation sur la presse. Or, les infractions commises par cette voie et le préjugé du duel ne sont pas sans avoir quelques rapports, à cause de l'influence qu'ils reçoivent l'un et l'autre de l'opinion. On passa néanmoins sur la proposition de M. Clauzel de Coussergues; il n'y eut point de loi.

En 1821, à l'occasion du duel où M. de Saint-Aulaire fut tué par M. Harty de Pierrebourg, la cour de cassation, dans un arrêt solennel, conforme à ses précédents, déclara que le duel ne rentrait point sous les dispositions du Code pénal de 1810.

En 1828, les cours royales ayant résisté à l'autorité de la cour suprême sur cette question, M. le garde des sceaux, aux termes de la loi du 30 juillet 1828, dut en référer au roi pour faire vider le conflit par une loi d'interprétation.

Un nouveau projet de loi fut donc soumis aux chambres en 1829. M. Portalis, garde des sceaux, voulait que la nouvelle loi fût une loi de principe. Sa proposition, comme celle de 1819, se prononçait contre le duel en lui-même et demandait une répression sinon rigoureuse, du moins efficace et sûre.

M. Portalis demandait, comme M. Clauzel de Coussergues, que la peine fût de nature à répondre à la spécialité du crime, et, en ce qui concerne la juridiction à saisir, il se prononçait pour le jury.

La commission à laquelle fut renvoyé ce projet, se donna pour organe M. Pasquier, rapporteur du projet de 1819, et quelques amendements seulement furent jugés nécessaires; mais la session étant fort avancée, il fallut renvoyer à l'année suivante pour soumettre ce travail à la chambre des pairs.

En 1830, M. Courvoisier, garde des sceaux, au lieu de donner suite au projet de son prédécesseur, en présenta un nouveau, quelque peu modifié, et qui ne servit qu'à faire abandonner le précédent, car les événements de juillet n'en permirent pas l'examen.

Vint ensuite la révision du Code pénal, en 1832. C'était le cas ou jamais de s'occuper du duel, car, presqu'en même temps, un nouveau projet s'élaborait dans les comités de la chambre; il n'en fut point question cependant. Peut-être pensa-t-on que la théorie des circonstances atténuantes, c'est-à-dire la part du jury dans l'application de la peine, pouvait dispenser d'une législation spéciale, ou peut-être voulut-on échapper à une difficulté, alors que l'on en avait tant d'autres à résoudre : le duel ne fut point nommé.

D'autres projets encore furent proposés en 1834 et 1835, mais ils ne furent pas plus heureux que ceux qui les avaient précédés.

La loi du 1er avril 1837 rendit la jurisprudence de la cour de cassation obligatoire pour les tribunaux inférieurs, en modifiant la loi de 1828 sur la portée et les effets des arrêts solennels, et prépara par là le changement qui s'opéra peu après, par l'arrêt du 22 juin 1837. Nous arrivons ainsi au dernier état de la jurisprudence.

Déjà, depuis 1819, le législateur et la cour suprême, les cours royales surtout, avaient manifesté l'intention d'arriver progressivement à une répression modérée. La loi sur les injures et la diffamation était un premier pas vers ce but. Dans une cause qui fut jugée en 1826, la cour de cassation, qui croyait ne pouvoir pas incriminer le duel en présence du silence du Code pénal, admit cependant que le duelliste qui avait tué son adversaire pouvait être condamné à des dommages-intérêts. Enfin, toutes les nations civilisées s'étaient occupées ou s'occupaient de proscrire le duel, et la Belgique, régie par notre Code pénal de 1810, avait déjà reconnu, par un arrêt de 1835, que le duel rentrait sous l'application du droit commun. Seule, la France n'avait pas dit son dernier mot.

C'est dans ces circonstances qu'un grand magistrat que nous admirons toujours et dont nous acceptons souvent les opinions avec un religieux respect, M. le procureur général Dupin, pensa, lui aussi, que la cour de cassation s'était trompée, et, dans un magnifique réquisitoire, inspiré par la religion et l'humanité, il entraîna les esprits et fit rendre un arrêt qui refoula le duel ou du moins ses suites sous l'application du droit commun, assimilant entièrement ces actes aux crimes ordinaires.

C'est ce changement que des arrêts postérieurs ont confirmé, qui provoqua de nouveau en 1838, et tout récemment en 1845, l'examen de la question dans les comités de la chambre; mais elle fut encore ajournée.

Telle est en ce moment la position. J'ai raconté toute l'histoire du préjugé dont nous nous occupons.

Vous me pardonnerez, messieurs, d'avoir insisté davantage sur ce qui est relatif à mon sujet depuis 1791. Ces renseignements me seront utiles pour la discussion à laquelle je vais me livrer.

La première question que je dois me poser, je l'ai dit en traçant la division de ma dissertation, est celle de savoir: si le duel est puni par notre Code pénal, ou du moins si l'on peut en incriminer les suites lorsqu'il en résulte un homicide ou des blessures graves.

C'est purement une question de texte; n'en faisons point une question législative. Sa solution doit être la même, quelque opinion que l'on ait du duel en soi. Pour être parfaitement comprise, cette question a besoin d'être dégagée de toute autre qui pourrait en embarrasser la discussion.

Il ne s'agit pas d'examiner si la convention qui précède le duel est ou n'est pas incriminée par la loi pénale; tout le monde reconnaît que l'ancienne législation à cet égard est abrogée. Il ne s'agit pas non plus de discuter la criminalité du duel et des actes qui peuvent en être la suite, lorsque l'un des champions a méconnu les règles de l'honneur et de la loyauté; ce combat devient alors un guet-apens, un véritable assassinat, qui tombe incontestablement sous l'application de la loi commune.

La cour de cassation s'est demandée, dans les deux arrêts contradictoires du 8 avril 1819 et du 22 juin 1837, et je vais me demander à mon tour, si l'homicide ou les blessures, lorsqu'ils sont le résultat d'un duel loyalement accompli, tombent sous l'application du Code pénal. C'est dans ces termes qu'il faut poser la question et la discuter.

Comme on le voit, dans l'état actuel de notre législation, la convention qui précède le duel s'efface, on veut seulement en atteindre les suites.

Quelque respect que j'éprouve toujours pour les lumières et l'autorité de la cour suprême, je n'hésite pas à penser que, dans cette question délicate, elle a plutôt consulté ses vœux que le texte inflexible de la loi. C'est vous dire que je viens justifier l'ancienne jurisprudence, celle que l'arrêt de 1837 a renversée.

Avant tout, messieurs, dans une question de droit pénal, il faut chercher à se prémunir contre les impulsions du cœur, qui trop souvent illusionnent et font que, sans s'en douter, le magistrat s'érige en législateur. A chacun son rôle, et si le légiste quitte le sien, que ce ne soit pas du moins pour créer des crimes par analogie. Ne perdons pas de vue, d'un autre côté, cette éternelle maxime d'humanité qui forme l'une des premières bases de toutes les législations pénales : dans le doute, il faut toujours se prononcer pour la non-criminalité d'un fait, comme on se prononce toujours, dans le doute, pour la non-culpabilité de l'agent.

Cela posé, reportons-nous, pour prendre la difficulté à son principe, à cette époque mémorable où la vieille société, profondément régénérée dans ses bases, voyait ses institutions crouler pièce à pièce sous les coups répétés du nouveau législateur, où une législation progressive venait s'établir sur notre patrie, désireuse d'oublier jusqu'au souvenir du passé.

Que se passa-t-il en 1789, et que devint le duel au milieu de toutes ces transformations ?

Vous n'avez pas oublié son importance d'autrefois, sa longue royauté pendant qu'il était une institution judiciaire, son rôle tour-à-tour politique et chevaleresque, quand les lois l'eurent proscrit et frappé des peines les plus sévères. Il y avait donc obligation pour le législateur de s'en occuper, et cette obligation était d'autant plus rigoureuse, qu'il devenait plus inquiétant. Que devait faire le peuple vainqueur de cet usage que la noblesse pratiquait à peu près exclusivement dans l'ancienne société ? Devait-il le repousser comme tout ce qui tenait de près ou de loin au privilége ? Mais le duel était aussi un proscrit de l'ancienne monarchie ; et puis, en dépit de toutes les distinctions ridicules qui avaient été admises jusque-là, la bourgeoisie, elle aussi, se sentait agitée par ce sentiment du point d'honneur qui avait produit le duel. Les opinions, sous ce rapport, se trouvèrent donc partagées. Les esprits étaient en suspens. Aussi, dans les cahiers des représentants de la nation à la constituante, trouve-t-on des recommandations opposées en ce qui concerne le duel. Les uns demandaient l'abolition de l'ancienne législation, les autres en réclamaient le maintien. Mais tout le monde était d'accord pour qu'on s'en occupât. Deux motions furent même présentées, dont l'une par

M. Lanjuinais, pour reviser et modifier à cet égard les lois anciennes. Cependant, la loi de septembre 1791 fut votée, et pas un mot ne fut dit qui puisse aujourd'hui nous apprendre ce qu'on résolut au sujet du duel. La disposition finale de cette loi porte seulement : *Les anciennes lois sont abrogées, en ce qu'elles ont de contraire à la présente.*

Dès ce moment, il est bien certain que la législation spéciale contre le duel n'existe plus. Au reste, il n'est venu à la pensée de personne d'élever une prétention contraire.

Mais quelle explication faut-il donner de ce silence du législateur, silence évidemment intentionnel?

Je dis qu'en s'abstenant, le législateur a parlé, et que son silence est une grave présomption que le duel est resté en dehors des dispositions de la loi.

Par une singulière argumentation, on a soutenu que le législateur n'avait rien à dire, et voici les raisons que l'on prétend en donner : — Les édits contre le duel, dit-on, constituaient une législation de privilége, spéciale aux gens de noblesse qui, seuls, avaient le droit de porter les armes; or, les lois de la révolution ayant proclamé l'égalité devant la loi, c'était le droit commun qui devait désormais punir le crime, sans distinction aucune, entre ceux des roturiers et ceux de la noblesse; le duel n'était plus qu'un crime ordinaire qui devait, dès-lors, rentrer dans les classifications de la loi pénale ordinaire.

Cette argumentation repose sur une confusion entre les faits et le droit. En effet, les raisons historiques sur lesquelles on pourrait l'appuyer ne prouveraient pas grand'chose, ne prouveraient rien.

Sans doute, il est bien vrai que le duel fut, à une certaine époque, un moyen de protestation pour la noblesse contre l'autorité royale, et que, dès-lors, le roturier restait complètement sans intérêt dans cette lutte. Il est vrai aussi que souvent cet usage ne fut qu'une conséquence des habitudes militaires et aventureuses du gentilhomme, de celui qui faisait profession d'honneur, selon l'expression consacrée; que, par suite, le serf et le roturier, presque démoralisés par la sujétion, étrangers au maniement des armes, ne devaient point le pratiquer. Mais, si tels étaient les usages en fait, si le duel se renfermait le plus souvent dans le cercle de la noblesse, il n'en est pas moins vrai qu'il ne fut point exclusivement spécial aux gentilshommes. De même qu'il était admis à l'épreuve judiciaire comme le seigneur, sauf la différence des armes, le roturier se permit quelquefois le duel à l'exemple du seigneur, et la loi qui punissait celui-ci frappait également celui-là, quelquefois même avec plus de rigueur.

Le duel en soi avait donc ses caractères propres, c'était un crime *sui generis*, indépendamment de la qualité des personnes qui le commettaient. Il constituait un trouble à l'ordre public; il était, enfin, selon le langage des anciennes ordonnances, « un crime de lèse-majesté divine et humaine; » et l'on peut dire que, s'il était le crime des gentilshommes, c'est parce qu'ils étaient particulièrement et presque exclusivement duellistes. Il n'y avait de privilége pour eux qu'en ce qui touchait la juridiction des maréchaux qui fut toujours particulière à la noblesse.

Les préambules de toutes les ordonnances, qu'il serait trop long de rappeler ici, démontrent ce que j'avance. Elles s'adressaient à tous les sujets indistinctement.

Quelle conclusion peut-on en tirer?

C'est que l'abolition des priviléges n'abrogea point la législation spéciale du duel, et qu'elle existerait incontestablement encore, si les lois pénales, qui ont été promulguées postérieurement, n'avaient pris soin d'abroger les dispositions antérieures qui leur étaient contraires. Il en résulte encore que, même après l'abolition des droits et priviléges féodaux, le duel est resté comme un crime spécial, réprimé par une législation spéciale complètement en dehors du droit commun.

Ainsi disparaît cette prétention que la loi n'avait pas besoin de s'occuper du duel en édictant le Code pénal de 1791. Or, vous savez l'induction que j'ai tirée de ce silence: il laisse présumer que le législateur s'en est remis aux progrès de la civilisation pour l'anéantissement du malheureux préjugé qui nous occupe.

Mais on propose encore une autre objection relative à ce silence. Des poursuites, dit-on, ont été faites après la loi de 1791 contre des duellistes, et le nombre de ces poursuites était si considérable que la convention nationale crut devoir en prononcer l'abolition par un décret qu'elle rendit le 17 septembre 1792; et l'on nous oppose le texte de ce décret ainsi conçu : « L'assemblée, considérant que, depuis » les premiers moments de la révolution, l'opposition mo- » mentanée des opinions a déterminé des citoyens à des » provocations qu'ils n'eussent point faites, s'ils eussent eu » le temps de réfléchir et de ne consulter que leurs senti- » ments réels; qu'il en est résulté des instructions criminelles » qui ont enlevé à la société des hommes qui pourraient lui » être utiles et que l'indulgence nationale a besoin d'y rap- » peler; décrète, par urgence, ce qui suit : Art. 1er. Tous » procès et jugements contre des citoyens, depuis le 14 juil- » let 1789, sous prétexte de provocation au duel, sont » éteints et abolis. Art. 2me. Le pouvoir exécutif donnera » des ordres pour que les citoyens, détenus en conséquence » desdits procès et jugements, soient mis sans délai en » liberté. »

Ce document, qui semble ne s'occuper que des provoca- tions en duel et qui, par suite, dans le système de l'opinion que je combats, irait au-delà de la portée qu'on entend lui donner, ne contient, à mon avis, rien de contraire à l'interprétation que je donnais tout à l'heure au silence de la loi pénale de 1791.

D'abord, il ne serait pas impossible de soutenir, d'une manière sérieuse même, que ce décret ne s'applique taxativement qu'aux poursuites engagées, alors que l'ancienne législation n'était pas encore abrogée, c'est-à-dire depuis le 14 juillet 1789 jusqu'au mois de septembre 1791. Mais, je veux bien le reconnaître si l'on veut, le décret est général, et il embrasse également les poursuites postérieures à la loi de 1791. Eh bien, qui pourra me dire si c'est en vertu de cette loi ou des lois antérieures que les poursuites avaient été exercées ? Nous savons que cette loi ne parle pas du duel. Qui pourrait nous dire si, en ce temps d'anarchie législative, on n'avait pas cru que la législation ancienne contre le duel était encore en vigueur ? Qui sait si l'on ne s'était point trompé sur cette question d'interprétation, comme je prétends qu'on l'a fait aujourd'hui ? Il y a d'ailleurs une autre raison que les interprètes du droit ont présentée. Si la convention nationale s'est basée sur un motif d'indulgence, c'est peut-être, et probablement, parce qu'elle estimait qu'il eût été dangereux à une pareille époque de proclamer l'impuissance de la loi à l'égard de ce préjugé.

Au reste, ce décret nous paraît devoir être expliqué par un autre qui le suivit de près. La convention eut à s'occuper de nouveau de la question, le 12 mai 1793, à l'occasion d'un référé du tribunal criminel militaire d'Orléans qui la consultait sur une question de discipline. Elle répondit :
« que l'application de la loi devait être restreinte aux cas
» qu'elle avait prévus; et l'article que l'on invoquait, ne
» contenant ni sens, ni expression qui s'appliquât à la pro-

» vocation au duel, il n'y avait pas lieu à délibérer. En
» conséquence, elle renvoya à la commission du recense-
» ment et de la rédaction complète des lois, l'examen et la
» proposition des moyens à prendre pour empêcher le duel,
» et de la peine à infliger à ceux qui s'en rendraient coupa-
» bles ou qui les provoqueraient. »

Cette fois, elle était appelée à se prononcer d'une manière plus directe : aussi sa réponse fut-elle péremptoire.

Qu'importe que, pour échapper à la force de ce document, pour en amoindrir la portée, on ait dit qu'il ne s'agissait là que de résoudre une question de discipline militaire, si à cette occasion on a résolu celle qui nous occupe.

On pourrait presque s'arrêter ici; car le Code de 1810, bien qu'averti par ces deux documents qui, tout au moins, constataient une difficulté, un doute, reste muet et se borne à reproduire les termes de la loi de 1791.

Il serait impossible de comprendre et d'absoudre un silence si obstiné, s'il n'équivalait pas à un refus implicite de punir le duel.

Le Code de 1810 fut discuté et voté, et pas un mot ne vint rappeler l'existence du duel. On n'en parla pas. Je me trompe, messieurs, une seule voix s'éleva, isolée, perdue, sans écho, qui déclara le duel passible, quant à ses résultats, des peines du droit commun. Cette voix était celle de M. Monseignat, rapporteur de cette partie du Code, au corps législatif. Il est important de rappeler ici les paroles qu'il prononça : « Vous vous demandez peut-être, disait
» l'organe de la commission, pourquoi les auteurs du pro-
» jet de loi n'ont pas désigné particulièrement un attentat
» aux personnes, trop malheureusement connu sous le nom
» de duel? C'est qu'il se trouve compris dans les disposi-
» tions générales qui vous sont soumises. Nos rois, en créant

» des juges d'exception pour ce crime, l'avaient presque
» annobli. Ils avaient consacré les atteintes au point d'hon-
» neur en voulant les graduer ou les prévenir; en outrant
» la sévérité des peines, ils avaient manqué le but qu'ils
» voulaient atteindre.

» Le projet n'a pas dû particulariser une espèce qui est
» comprise dans un genre dont il donne les caractères. »

Il serait difficile de refuser toute espèce de portée à une
pareille opinion si formellement émise par le rapporteur lui-
même, mais elle ne saurait l'emporter sur des textes po-
sitifs et contraires.

Que prouvent d'ailleurs ces paroles pour ceux qui con-
naissent la marche que suivaient alors les projets de loi dans
les assemblées législatives? Elles prouvent seulement que
M. Monseignat, et tout au plus la commission dont il était
l'organe, le pensaient ainsi; car le corps législatif ne discu-
tait pas les lois : elles lui arrivaient élaborées par le conseil
d'Etat, et il se bornait à en voter l'adoption ou le rejet. Ce
serait donc donner à cette opinion plus de significations
qu'elle n'en peut avoir, si l'on admettait que tout le corps
législatif la partageait. Consultons, au reste, M. Merlin qui
assista à toutes les conférences qui eurent lieu à cette
occasion.

Il affirme que, dans la pensée des membres du conseil
d'Etat, le duel ne devait pas rentrer dans les dispositions
générales du Code pénal, qu'il n'en fut nullement question,
et que cet attentat ne fut ni prévu, ni puni. C'était là son
intime conviction : il l'a consignée expressément dans ses ou-
vrages et dans plusieurs lettres écrites à des procureurs
généraux qui l'avaient consulté à cet égard.

Si l'on demandait pourquoi cette partie du rapport de
M. Monseignat, puisqu'elle n'était pas l'expression de la
volonté du plus grand nombre, et qu'elle était contraire à

l'esprit et au texte de la loi, passa inaperçue, je répondrais que ce Code fut voté avec une extrême précipitation ; que les textes, d'ailleurs, malgré l'opinion du rapporteur, restaient clairs ; que le doute, enfin, ne présentait aucun danger pour la société, puisqu'il tendait à élargir le cercle de l'incrimination. Au reste, pendant la longue période de temps qui s'écoula de 1810 à 1837, on ne s'expliqua pas autrement, et le rapport de M. Monseignat, et le silence qui l'avait accueilli ; les nombreux projets qui furent présentés, et les nombreux arrêts qui furent rendus dans cet intervalle, prouvent que la lacune était universellement reconnue.

Après ce passé, dont l'opinion que je défends peut s'emparer comme d'un puissant argument, comment les faits et la législation auraient-ils changé de caractère? Se pourrait-il que les législateurs et la cour de cassation se fussent trompés pendant 27 ans, et qu'il eussent vu dans la loi ce qu'il n'y avait point? Ou bien, au contraire, ne faut-il pas reconnaître qu'égarée par des sentiments trop louables en eux-mêmes, la cour de cassation et son illustre procureur général ont voulu incriminer quand même un acte qu'ils croyaient coupable, pour éviter le scandale de l'impunité, et en attendant une législation spéciale? Un examen particulier des textes du Code pénal justifiera pleinement, s'il existait encore quelque doute, cette dernière opinion qui, vous le savez, est la mienne.

Mais il me paraît bon de rappeler ici, pour les mieux combattre, les principaux motifs sur lesquels s'est fondée la cour de cassation, dans un arrêt du 22 juin 1837, qui a changé l'ancienne jurisprudence.

Outre les raisons dont je me suis déjà occupé, la cour de cassation invoque les motifs suivants :

Elle prétend que les dispositions des art. 295 et 296 du Code pénal sont absolues, et que les prévenus des crimes et délits prévus par ces articles, c'est-à-dire l'assassin et le meurtrier, doivent être dans tous les cas poursuivis;

Que l'homicide commis, ou les blessures faites dans un duel, ne peuvent jamais être considérés comme ayant été autorisés par la nécessité actuelle de la légitime défense;

Que nulle disposition législative ne range les circonstances qui accompagnent le duel au nombre de celles qui rendent excusables le meurtre, les blessures et les coups;

Que nul ne peut se faire justice lui-même;

Que la convention qui précède le duel, étant contraire aux bonnes mœurs et à l'ordre public, ne peut en rien influer sur l'incrimination de cet acte;

Enfin, que le fait d'excuse, dans tous les cas, ne devrait être proposé que devant le jury.

Je ne suivrai pas, dans l'ordre que je viens d'indiquer, les motifs de cet arrêt que je considère comme un hommage rendu à la morale, mais la discussion à laquelle je vais me livrer leur répondra pleinement au point de vue légal.

Ici, s'offre naturellement à l'esprit une réflexion qui a frappé les auteurs en présence de ce changement subit de jurisprudence. Sans doute, on ne conteste pas à la cour de cassation le droit de se réformer. Elle le peut, elle le doit. Il est toujours temps de quitter une fausse route quand on s'y trouve engagé. Ces changements ne compromettent même aucun intérêt en matière civile; mais la chose est plus sérieuse en matière pénale. Lorsque, pendant plus de 50 ans, un fait a été considéré comme innocent, lorsque les tribunaux et les législateurs l'ont ainsi reconnu et que la législation n'a pas changé, on ne peut, sans s'exposer à un grave danger, revenir sur une incrimination et déclarer ce même fait coupable, déclarer que désormais il passera dans la catégorie des faits criminels et des faits criminels les plus graves.

Une pareille variation si brusque, si étrange, un tel changement dans la jurisprudence, aurait besoin d'être justifié par un changement semblable dans les mœurs, car les mœurs sont aussi des lois.

Quoi qu'il en soit, examinons ; et si le duel est un crime, voyons dans quelle catégorie du Code pénal nous pourrons le faire rentrer. S'il a été prévu, s'il a été puni, il doit trouver sa place quelque part.

Considéré dans ses suites, le duel peut donner lieu à un homicide ou à des blessures plus ou moins graves.

C'est donc aux articles du Code pénal qui punissent l'homicide et les blessures qu'il faut s'en référer ; or, la loi classe les homicides et les blessures qu'elle incrimine de la manière suivante :

Nous les indiquons, dans un ordre de criminalité décroissante.

Dans l'art. 296 du Code pénal, la loi punit le meurtre commis avec préméditation ou de guet-apens, et qu'elle qualifie d'assassinat.

Dans l'art. 295, elle punit l'homicide commis volontairement, et qu'elle qualifie de meurtre.

Dans l'art. 321, elle prévoit l'homicide commis en repoussant une provocation, et elle le qualifie de meurtre excusable.

Dans l'art. 319, elle incrimine l'homicide commis par maladresse, imprudence ou inattention, c'est l'homicide involontaire.

Enfin, dans l'art. 327, la loi prévoit l'homicide commandé par l'autorité ou par la nécessité actuelle de la légitime défense de soi-même, c'est l'homicide légal.

Les blessures qui pourraient être faites dans chacun des cas ci-dessus, lorsque la mort ne s'en est pas suivie, sont également incriminées par le Code dans les articles précités ou dans des articles correspondants.

Parcourons, messieurs, chacune de ces catégories d'homicide, et voyons s'il s'en trouvera une seule qui puisse comprendre les suites du duel. Notre raisonnement serait également applicable aux blessures.

Pour cela, je suivrai un ordre tout-à-fait opposé à celui de l'énumération que je viens de faire, et je commencerai par l'homicide légal pour arriver enfin à l'assassinat.

Le duelliste qui a tué son adversaire en duel peut-il prétendre qu'il était dans un cas de légitime défense et que, par suite, l'homicide qu'il a commis échappe à toute espèce de pénalité?

D'après certains auteurs, sans doute le duelliste ne se sert de son épée que pour repousser les coups qu'on lui porte. Ses coups sont dirigés par le sentiment inné de la conservation de soi-même. Il ne tue que pour éviter d'être tué, et l'on pourrait en conclure que, toujours et dans tous les cas, le duelliste doit être considéré comme ayant agi en état de légitime défense. Mais on a contesté, et avec raison selon moi, la justesse de ce raisonnement : il n'est fondé ni en fait ni en droit. L'exception de légitime défense ne saurait être admise en matière de duel, et c'est là une raion de plus pour décider qu'il n'a pas été prévu par le Code. Le duelliste sait très-bien, lorsqu'il va se battre en duel, le danger auquel il s'expose; il le prévoit, il peut l'éviter, mais il le brave. Dès-lors, comment pourrait-il se prévaloir de la légitime défense? La réciprocité d'attaque et de défense, la simultanéité d'action qui pourrait constituer, dans certains cas, un état de légitime défense n'existe pas toujours. Dans le duel alternatif, par exemple, où lorsque, par le fait, les avantages sont inégaux, cette réciprocité n'existe plus. On ne peut donc pas admettre cette exception en faveur de l'homicide commis en duel; mais, comme la légitime défense est commune à tous les crimes d'homicide volontaire qui peuvent être commis, si elle n'est point applicable à l'homicide commis en duel, il en résulte que le duel ne peut rentrer sous l'application de la loi pénale.

Nous allons voir cependant s'il ne rentrerait pas dans les autres catégories d'homicide dont s'occupe la loi.

Le duel, ou du moins l'homicide qui peut en être la suite, constituerait-il, par exemple, un homicide involontaire? Il est évident que non; car, ici tout est prévu, tout est réglé d'avance, les intentions des parties sont manifestes.

Rentrerait-il par hasard dans la catégories des crimes excusables? Il faudrait qu'on pût lui appliquer les dispositions des art. 321 et 322 du Code pénal relatifs à la provocation; mais s'il est vrai que, dans le duel, il y ait toujours un provocateur, il est également certain que la provocation, le plus souvent, n'est pas immédiatement suivie de combat, qu'un intervalle plus ou moins long les sépare. Or, il me paraît difficile d'admettre que l'excuse soit applicable dans un pareil cas, lorsque l'on a pu réfléchir et comprendre que la société seule a le droit de faire justice. D'ailleurs, il peut fort bien arriver que le tort de la provocation se trouve précisément du côté de celui qui a frappé. Cette catégorie exclut donc aussi l'homicide commis en duel.

L'homicide commis en duel ne répugne pas moins aux caractères du meurtre. Le meurtre, je l'ai dit, commis sans préméditation, est le résultat d'une impulsion subite et perverse, d'un ressentiment, d'une funeste passion réveillée, excitée par une circonstance accidentelle. Il exclut, on le comprend, tout projet préconçu, arrêté d'avance. Dans le duel, au contraire, nous savons que tout est convenu.

Que sera donc cet homicide? Ce sera un assassinat ou bien un fait étranger aux incriminations de la loi pénale. Eh bien! je soutiens que ce n'est pas non plus un assassinat. Il n'en a pas les caractères, et la cour de cassation, qui l'a ainsi qualifié, a méconnu les premiers éléments de la criminalité. Ici, la question se précise et se réduit à son expression la plus simple : L'homicide commis en duel est-il un assassinat ?

A quels caractères la loi pénale reconnaît-elle l'assassinat ?

Il y en a trois : 1° l'homicide réel ; 2° l'intention criminelle ; 3° la préméditation.

Examinons successivement ces divers éléments de criminalité, et voyons s'ils peuvent s'appliquer à l'homicide commis en duel.

Et d'abord, on en conviendra, l'idée que l'on se fait ordinairement de l'assassinat, qui se commet dans l'ombre et par une infâme surprise, ne va guère s'assimiler dans l'opinion à l'homicide commis dans un duel loyalement accompli, où l'on a frappé à découvert et sans lâcheté. Dans la loi, la différence est aussi incontestable.

Lorsqu'un malheureux duelliste a succombé sur le terrain, sans doute la première condition de l'assassinat est réalisée : il y a un homicide, et cet homicide est volontaire. Mais l'intention de tuer ne suffit pas pour constituer le crime ; la loi, nous l'avons vu, déclare complètement innocent l'homicide volontaire lorsqu'il est légal, commandé par l'autorité ou par la nécessité actuelle de la légitime défense. Il faut donc, de plus, qu'à la volonté vienne se joindre l'intention criminelle, une pensée frauduleuse, perverse. Or, la trouve-t-on dans le duel ?

Les deux adversaires sont réciproquement prévenus, une convention a réglé d'avance le mode et les conditions du combat ; leurs coups portent au grand jour ; la plus grande loyauté ne cesse de présider à la lutte, et quelquefois les champions s'accordent une mutuelle estime. Des témoins sont appelés, ils sont les juges du camp et veillent à ce que toute fraude en soit bannie.

Sans doute, il y a fraude, intention coupable, lorsqu'on frappe un homme qui ne se défend pas, par des coups qui le surprennent et auxquels il ne peut pas répondre; mais combien le duel est-il différent de tout cela dans les circonstances qui le caractérisent! La convention qui précède le duel est, selon moi, ce qui lui enlève l'intention frauduleuse. Il est vrai que la cour de cassation fait, à cet égard, une objection que vous n'avez pas oubliée et sur laquelle il faut bien revenir puisqu'elle y insiste particulièrement.

Cette convention, dit-elle, est nulle comme contraire à l'ordre public, aux lois et aux bonnes mœurs; partant elle ne peut, en aucune manière, modifier l'incrimination en ce qui concerne les suites du duel. Et, pour montrer combien le législateur est peu disposé à accueillir de telles conventions, on cite les obligations contractées au jeu et autres auxquelles la loi refuse toute espèce de sanction.

Je ne prétends pas assurément que la convention qui précède le duel et qui le constitue, à proprement parler, ne soit immorale. Je reconnais parfaitement avec la cour de cassation qu'il ne pourrait en résulter aucune action juridique. Tout cela est bien vrai. Mais on peut cependant lui donner un effet : celui de modifier la criminalité des suites du duel, la responsabilité de l'agent. Cette convention fait partie intégrante du fait lui-même. Elle en forme un des éléments essentiels, constitutifs, le fait ne peut être apprécié sans elle.

Il en serait autrement, je le reconnais, si cet acte, le duel, était comme autrefois un crime de lèse-majesté divine et humaine. La convention des parties ne lierait pas la société, elle ne pourrait pas changer le caractère de l'infraction.

Cela nous paraît répondre à l'objection de la cour de cassation, si j'ajoute surtout que les exemples sont nombreux, dans lesquels, pour apprécier un fait incriminé, la loi permet de s'occuper de circonstances immorales contraires à la loi et dont la preuve, dans tout autre cas, serait interdite. Ainsi, dans un attentat à la pudeur, le coupable pourra être admis à prouver la séduction.

Quant à la préméditation qui constitue le troisième caractère de l'assassinat, elle existerait sans doute dans l'homicide commis en duel ; mais, voyez avec quelles circonstances : ce n'est pas cette préméditation que la loi pénale place à côté du guet-apens. Le duelliste peut bien avoir le projet de tuer son adversaire, et souvent même il ne l'a pas et ne songe qu'à sa propre conservation ; mais, dans tous les cas, il ne veut l'attaquer que lorsqu'il sera en garde et qu'il pourra se défendre. Il y a donc encore, dans cette troisième condition, une modification dont il faudrait tenir compte.

Que reste-t-il donc maintenant ? Il reste un homicide volontaire, mais que la loi ne punit pas.

Au besoin, ce système, qui pourrait être appuyé sur des raisons plus nombreuses et plus complètes, trouverait sa justification dans les contradictions, je pourrais dire les impossibilités, qu'engendre l'opinion admise par la cour suprême.

En effet, et pour ne citer que quelques exemples, ce n'est pas le duel, c'est-à-dire l'appel ou le défi, la convention et le combat, que l'on incrimine, ce sont les résultats, c'est-à-dire que, tout en prétendant que le duel puni sous l'ancienne législation n'a jamais cessé de l'être, on absout la convention que l'on punissait autrefois, et l'on ne s'attache qu'aux résultats dont l'ancienne législation ne s'était préoccupée que d'une manière accessoire. C'est déjà un peu extraordinaire, mais ce n'est pas tout encore.

On l'a compris : dans le système de la cour de cassation, il fallait une certaine logique ; et, puisque l'on admettait que l'homicide commis en duel était un crime, il fallait en punir la tentative; car l'art. **2** du Code pénal, qui est général et applicable à tous les crimes, porte : que la tentative, qui n'a manqué son effet que par des circonstances indépendantes de la volonté de son auteur, est punie comme le crime perpétré.

Mais ici se présentait une difficulté sérieuse.

A quelle circonstance, à quels indices, faudra-t-il s'attacher pour déterminer ce commencement d'exécution ? On sait que la criminalité de l'agent ne se forme que par degrés. Tant qu'il peut se repentir, tant qu'il n'est pas certain que son projet était arrêté définitivement et sans retour, la loi ne saurait le frapper. Eh bien ! où faudra-t-il s'arrêter ? Prendra-t-on la convention qui précède le duel pour le commencement d'exécution dont parle la loi ? Sera-ce le défi, les accords, les préparatifs, la présence des parties et des témoins au lieu convenu, etc., etc., etc ? Ou bien, faudra-t-il que le fer soit croisé ? Evidemment, tout cela ne peut qu'engendrer des difficultés insurmontables, et c'est en vain que l'on chercherait dans le Code, qui ne les a pas prévues, les moyens de les résoudre.

Pour mettre en relief l'impossibilité qui résulterait de l'application des principes de la tentative du duel, il suffit de signaler un seul cas.

Supposons, par exemple, qu'un duel ait donné lieu seulement à des blessures, quelle sera alors la position des parties ? quel degré de culpabilité faudra-t-il leur assigner ?

D'après la cour de cassation, celui qui aura blessé est passible des peines édictées par le Code pénal, à raison des blessures qu'il aura faites; mais son adversaire, celui qui les a reçues, de quelle peine sera-t-il passible ? Il a croisé le fer dans une intention d'homicide ; il est donc coupable de tentative ? Et la cour de cassation, pour être conséquente, a dû nécessairement le reconnaître ainsi. Or, quelle bizarrerie ! d'un côté, celui qui a fait des blessures n'est passible que de simples peines, quelquefois correctionnelles, tandis que celui qui les a reçues, la victime du duel, est passible de la peine capitale. Cette conséquence seule condamnerait le système de le cour de cassation.

Il est vrai que l'on pourrait chercher à amoindrir les effets de cette contradiction, en soutenant que, dans le cas que nous citions, il suffirait de poursuivre le blessé comme complice des blessures qui lui ont été faites ; mais, il faut bien le reconnaître, ce moyen ne serait pas plus heureux ; car, pour être complice, il faut avoir agi volontairement, et, très-certainement, les vœux du duelliste n'accompagnent jamais les coups de l'adversaire qui le frappe. Il y a cependant quelque chose qui semble venir à l'appui de cette singulière complicité, et c'est précisément ce qui démontre de plus en plus que le duel est resté en dehors des dispositions du Code pénal.

On est complice, d'après l'art. 60 de ce Code, lorsque l'on a, avec connaissance de cause, assisté l'auteur de l'action dans les faits qui l'ont préparée ou facilitée, ou dans ceux qui l'ont consommée. Or, cette définition semble s'appliquer, jusqu'à un certain point, au duelliste blessé. Il a prêté volontairement son concours à celui qui le frappait ; il lui a découvert sa poitrine. Il faudrait donc le punir pour le mal qu'on lui a fait.

Cette anomalie choquante est un des plus puissants arguments en faveur de notre système, car la loi n'incrimine point le suicide et n'a jamais songé à en punir la tentative.

L'application des principes de la complicité dans le duel nous fournirait encore un autre argument par l'absurde qui ne serait pas moins puissant que celui que je viens d'examiner. Je veux parler de ce qui est relatif aux témoins.

Comment faudra-t-il entendre, en ce qui les concerne,

les dispositions de l'art. 60 précité, qui portent également :
que l'on est complice lorsque l'on a procuré des armes, des
instruments ou tout autre moyen qui aura servi à l'action,
sachant qu'ils devaient y servir?

La cour suprême a voulu être logique : et, par deux
arrêts qui suivirent de près celui du **22 juin 1837**, elle
déclare que les témoins sont rigoureusement complices et
qu'ils doivent être punis comme tels.

Qui ne voit cependant les dangers et l'injustice d'une
semblable théorie? Quoi! on frappe comme complice à une
époque où les mœurs n'ont pas encore entièrement répudié
le préjugé, ces hommes bien intentionnés, ces conciliateurs
qui, le plus souvent, amis des champions, épuisent tout ce
qu'ils ont d'influence et de raison pour prévenir le duel, qui
ne se rendent sur le terrain que dans l'espoir de pacifier la
querelle, et qui, dans tous les cas, si leurs efforts sont im-
puissants, règlent le combat de manière à le rendre aussi
loyal et aussi peu dangereux qu'il est possible. Ce n'est pas
seulement les confondre avec les seconds d'autrefois, ces
spadassins qui faisaient métier de se battre, et payer par
l'injustice leur intervention salutaire; c'est favoriser le duel
et le rendre à la fois plus fréquent et plus désastreux.
Au reste, comme les auteurs l'ont fait remarquer, comme
la saine raison l'indique, leur présence n'est pas toujours
une preuve de leur adhésion, car le plus souvent, ils y sont
en quelque sorte traînés.

Je me résume en quelques mots sur le premier point de ma
dissertation, savoir : que le duel ne rentre pas sous l'application de la loi pénale telle qu'elle existe aujourd'hui.

Si je ne me trompe, je crois avoir prouvé que le duel
était un délit *sui generis*; que le Code pénal de 1791 ne
s'en était point occupé, et que le Code pénal de 1810 avait
imité son silence, qu'il ne peut rentrer dans les dispositions

du droit commun, car il diffère de l'assassinat, le seul crime auquel on pourrait l'assimiler, par la provocation, par la convention qui règle le mode, le lieu et l'époque du combat, par la réciprocité de l'attaque et de la défense, en un mot, par l'intention frauduleuse.

Concluons donc que ce crime n'a pas de place dans les classifications ordinaires de notre loi pénale.

Quelle que soit, au reste, l'opinion que l'on adopte sur cette première question, il est universellement reconnu par la cour de cassation elle-même, que le duel en soi n'est pas puni et qu'il y a lacune. Que faut-il penser de ce préjugé et de la législation ancienne qui le frappait? Faut-il le condamner ou l'absoudre? Est-il, comme on l'a dit de nos jours, une cause de perfectionnement de nos mœurs, ou bien n'est-ce qu'un déplorable travers, une déplorable erreur, qu'il faut bannir à jamais de notre société civilisée? C'est là, messieurs, ce que nous allons examiner aussi brièvement que possible, pour ne pas fatiguer votre attention, déjà trop éprouvée, dans une seconde partie que j'appellerai la partie philosophique de mon travail.

On l'a dit avec vérité, il n'y a guère ici-bas de sagesse qui ne touche à une folie. Il y a des préjugés de nation comme il y a des préjugés de caste, de famille, d'individus. Ainsi que la raison individuelle, la raison publique a ses infirmités, et rien n'est plus difficile que de rompre l'alliance conclue entre les mœurs et les préjugés.

En parcourant l'histoire bizarre du duel, dans l'exposé que je vous soumettais en commençant, vous avez été frappés sans doute de sa longue existence, de sa ténacité et surtout de la faveur dont il a joui à certaines époques. Comme moi, vous avez dû vous dire : Il y a là dans cet usage bar

bare quelque chose d'incompréhensible, quelque chose de
mystérieux. Le duel ne peut être que le résultat d'une
malheureuse association de deux principes opposés. C'est
peut-être un peu de bien mêlé à beaucoup de mal.

Il n'est pas étonnant qu'on se soit trompé sur ses caractères, sur sa nature. La philosophie nous enseigne, et l'expérience nous démontre chaque jour, qu'il y a une grande
difficulté à savoir, si tel acte est vertueux ou ne l'est pas,
car il y a des vices semblables aux vertus, des vertus auxquelles il ne faut qu'un simple détour pour les faire dégé-
nérer en vices.

La pensée qui a créé le duel mérite d'être étudiée avec
soin. On ne l'a peut-être pas assez approfondie. Il ne serait
pas impossible qu'on lui trouvât, non pas une justification,
mais quelque excuse aux yeux de la morale.

« Le duel, disait M. Portalis, en présentant à la chambre
» des députés le projet de loi de 1829, prend sa base dans
» l'exagération du sentiment de la dignité de l'homme, dans
» ce sentiment profondément inhérent au cœur humain, et
» c'est ce qui l'a soutenu, perpétué. C'est le préjugé de l'hon-
» neur, devant lui la raison se tait, le devoir s'oublie, la
» religion même perd une partie de son empire.

Loin de moi, cependant, la pensée de chercher à le défendre. Après avoir mûrement réfléchi sur cet important
sujet, il ne m'a pas été difficile de reconnaître, avec presque
tous les philosophes, avec presque tous les hommes de bien,
l'immoralité de cette institution d'autant plus dangereuse
pour la société, qu'elle s'est toujours donnée comme un
utile auxiliaire, comme un remède essentiellement moral, à
l'insuffisance des lois.

Au reste, déjà depuis longtemps, j'ose le dire, il a considérablement décliné dans l'opinion. Le législateur de 1791
le croyait assez peu dangereux, pour ne pas s'en occuper,

pour le traiter avec dédain, et dans les lois où l'on punissait l'assassinat, le viol, l'adultère, tous les crimes, enfin, on ne voulut point faire au duel, selon l'expression d'un jurisconsulte, l'honneur de le nommer. Il est vrai que l'on espérait du progrès de la civilisation ce que la sévérité des lois anciennes avait été impuissante à réaliser, c'est-à-dire, l'anéantissement du préjugé; mais les résultats ont quelque peu trompé les espérances.

Il est peu d'institutions qui aient poussé dans les mœurs d'aussi fortes racines, et son histoire philosophique ne manque dans son étude ni d'intérêt, ni de difficultés.

Hâtons-nous de l'aborder, voyons, ainsi que je me le suis proposé, ce qu'a été le duel dans son but moral, s'il en a un, dans sa nature, dans la pensée qui l'a créé, dans le sentiment qui l'a soutenu, au milieu des circonstances diverses où il s'est développé; nous verrons ensuite ce qu'il est aujourd'hui dans notre société, et nous le condamnerons énergiquement si, comme j'en ai la conviction, ce n'est qu'une déplorable erreur que les siècles passés nous ont transmise.

A quelque époque que l'on considère le duel, il peut s'expliquer, mais il ne peut se justifier jamais. Dans la Germanie, où nous avons placé son origine, c'est la barbarie qui l'enfante. Il ne fut pas d'abord, on le sait, une institution sociale. Ces hordes barbares n'étaient point des sociétés régulièrement constituées. Elles n'avaient point de lois. Les usages n'étaient guère que l'expression brutale de ces premiers rapports qui ont dû exister dès que deux hommes se sont trouvés réunis par l'instinct de la société. L'autorité et le droit résidaient dans la force et se confondaient avec elle. Il n'y avait guère d'autre justice que celle que l'on se faisait soi-même; de là, naquit le combat singulier. Ce ne dut être tout d'abord qu'une espèce de rixe sans règle, sans loyauté; l'homme outragé se vengeait, et voilà tout. Telle fut la première expression de ce combat singulier dont parlent les historiens. Alors on ne se battait guère que pour protéger la personne physique, pour les meurtres particulièrement.

Il résulte, de ces premières observations, que, dès son origine, le combat qui a produit le duel reposa sur la force. Il fut une conséquence des mœurs barbares que l'on trouve toujours au berceau des sociétés. Même à cette époque, cependant, il devait y avoir une pensée morale à côté des passions égoïstes qui armaient les combattants. La religion, ce premier besoin de l'homme et des peuples, dut dominer ces sociétés barbares, et le bras qui frappait dut se croire favorisé ou réduit à l'impuissance, selon que le motif de la querelle était ou n'était pas légitime. C'est sur cette idée que s'étaient fondées les premières guerres des peuples. Peut-être y avait-il, aussi, dans ce combat, une pensée d'égalité née de l'indépendance de ces peuples germains; car l'état sauvage comme la civilisation amènent également à la constatation de ces principes que les sociétés ne méconnaissent jamais impunément. On peut donc tenir pour constant que dans l'origine le combat singulier dut présenter ce triple élément que nous trouverons plus sensible, dans une seconde période, savoir : la *force*, le *fatalisme* et *l'égalité.*

En se constituant, par suite du progrès naturel et régulier qui est la loi des sociétés, ces nations barbares durent proscrire, ou du moins réglementer, ces combats singuliers. Il fallut substituer une justice sociale au caprice de la justice individuelle; mais la pensée religieuse avait grandi et s'était formulée. Le législateur, ne tenant aucun compte de la liberté humaine, crut que la divinité ne cessait d'intervenir dans toutes les actions de l'homme, et que le bon droit ne pouvait jamais être sacrifié : *Deo imperante quem adesse bellantibus credunt*, disent les auteurs. En théorie, c'était la justice divine qu'ils exerçaient, mais en fait, c'était toujours le règne de la force.

Indépendamment de ce fatalisme, il nous semble que les principes d'égalité étaient aussi venus se joindre à la force dans le combat judiciaire. Cette institution, en effet, proclamait l'égalité morale au sein de cette société où le privilége s'était pourtant si fortement organisé dans la féodalité, et qui, à la domination du maître sur l'esclave, du patricien sur le plébéien, avait substitué l'asservissement du vassal au seigneur, de la roture à la noblesse. Et sous ce rapport même, le combat judiciaire marquait un progrès; car cette égalité morale devant la justice n'avait pu se constituer dans les sociétés antiques qui admirent l'esclavage. De même que le seigneur, on sait que le vilain pouvait se présenter au jugement de Dieu, sauf la différence des armes.

Le combat judiciaire n'était pas seulement un moyen de faire triompher la justice et de régler l'exercice de la force, il avait aussi pour but de punir le parjure, car les anciens eurent toujours le mensonge en grande horreur. Il semble qu'ils eussent compris toute l'importance de la vérité, ce principe de tout bien, et qu'ils eussent à cet égard des notions assez élevées. Mentir à la vérité, c'était mentir à Dieu. Ils ne croyaient pas que ce fût trop de mourir pour expier un tel crime.

Si, dans la première période, et avant qu'il ne devînt une institution, le combat non encore judiciaire présente le triple caractère que j'indiquais tout-à-l'heure, dans la seconde, vous le voyez, il le conserve encore. Mais, est-ce toujours la loi morale mise à la discrétion, livrée au caprice de la force brutale? Est-ce toujours la pensée asservie à la matière, ou bien ce renversement monstrueux des véritables principes a-t-il cessé sous l'influence de cette idée religieuse qui fait descendre la justice humaine du ciel...?

On a présenté, messieurs, le combat judiciaire comme un moyen de justice infaillible, en-dehors de toute influence matérielle; c'était en quelque sorte, d'après l'opinion alors universellement accréditée, la force brutale déposant ses armes inégales devant l'énergie morale, la bravoure, la loyauté, et l'élévation de l'âme, inspirée par le sentiment du bon droit; et pourtant, en réalité, ce combat ne fut qu'un hommage à la matière; c'était la force, l'adresse des mouvements, qui résolvait les difficultés. Reconnaissons cependant que cette époque eut sur la précédente l'avantage de substituer en droit, sinon en fait, le règne de la justice à celui de la vengeance.

Une troisième époque commence. L'expérience avait appris que la justice de Dieu ne devait pas s'exercer dans ce monde. On s'était convaincu que le hasard et l'adresse des champions avaient seuls répondu à l'appel que l'on faisait à Dieu: peu à peu ce jugement commençait à trouver des incrédules. Un des éléments constitutifs, selon nous, du combat judiciaire, mais qui s'était presqu'effacé dans les deux premières périodes, se montre et va dominer : c'est le sentiment de la dignité de l'homme que l'on appela, dans son expression, le *point d'honneur*.

Le duel proprement dit naît et remplace le combat judiciaire. On ne cherche plus dans le combat le jugement d'un procès, c'est plutôt une satisfaction qui devient nécessaire pour un outrage que l'on a reçu : la force et l'égalité, telles sont les bases qui, dès ce moment, vont constituer le duel.

Plusieurs circonstances avaient amené ce changement et peuvent nous l'expliquer. Le développement de l'esprit humain, en sapant le combat judiciaire et le fatalisme qui

en était la base, exalta la dignité de l'homme. D'accord avec
la philosophie du christianisme, la raison publique prêchait
l'affranchissement de la pensée. Toutefois, la société devait
rester longtemps encore plongée dans les préjugés et dans
l'ignorance qui signalèrent tout le moyen âge. Ainsi que
nous avons eu occasion de le faire remarquer, la puissance
des seigneurs se révoltait contre la royauté. La féodalité
cherchait, par tous les moyens possibles, à défendre ses
priviléges menacés, et le duel fut employé comme protestation contre les envahissements du pouvoir royal.

Après les guerres privées, vous ne l'avez pas oublié non
plus, mille raisons diverses vinrent fortifier le préjugé du
point d'honneur. Les souvenirs les plus chevaleresques se
rattachent à cette époque; l'honneur, tel qu'on le comprenait alors, exalte toutes les têtes. La notion que l'on s'en
fait est si large, si générale, qu'elle touche à tout. La dignité personnelle devient un patrimoine trop précieux pour
que l'homme d'épée en confie la garde à la loi; lui seul veut
en être chargé.

Sous l'influence de telles idées, on comprend le développement rapide du préjugé qui s'attache à la noblesse et qui
la moissonne d'une manière désolante.

Si vous ajoutez encore qu'au plus beau jour de la chevalerie, à cette époque où les tournois étaient le spectacle
favori des puissants et des nobles dames, surgissaient de
nouveaux mobiles qui s'adressaient à la fibre sensible de
la vanité et de l'amour-propre : c'étaient les applaudissements qui saluaient le vainqueur, et les couronnes que la
dame choisie venait placer sur leur tête.

Il faut l'avouer, si frivoles que puissent paraître ces
moyens d'action, ils doivent avoir eu une grande influence
sur l'esprit français, si naturellement enclin à la bravoure
et à la galanterie. C'est ici que le duel, au milieu du prestige

qui l'environne et par les circonstances dans lesquelles il vit, doit s'établir, prendre de la consistance et pousser des racines que le commun effort des lois et de la civilisation ne renverseront qu'avec peine.

Ce n'est pas tout : à côté de ces excitations diverses, l'opinion place la honte et l'infamie sur le front de celui qui refuse de se battre. C'est un indigne chevalier, un lâche, dont on brise le blason. Pouvait-on placer le préjugé dans des conditions plus favorables, et tout cela n'explique-t-il pas comment le duel est chez nous le préjugé qui a peut-être le plus vécu ; comment plusieurs siècles n'ont pas suffi au législateur pour en avoir raison ?

Si j'insiste, messieurs, sur les caractères du duel et sur les motifs qui le produisirent à cette époque, c'est parce que, je l'ai déjà dit, c'est là qu'il se présente pour la première fois avec la plupart des traits qui le distinguent aujourd'hui.

Sans doute, en vieillissant, et surtout après l'âge d'or de la chevalerie, le duel, reprenant son rôle politique, se modifia et prit un caractère plus sérieux, plus rebelle, en présence notamment de la politique de Richelieu, mais il conserva toujours son double caractère : son but fut de protéger la dignité de l'homme et de la sauvegarder par la force.

Quand on analyse la raison du duel, on est frappé d'une chose, c'est que l'injure la plus grave, la plus usitée dans les provocations au combat, ait été de tout temps le *démenti*. Pourquoi cela ? pourquoi la dignité de l'homme s'est-elle sentie grièvement outragée par cette protestation contre la vérité d'une affirmation ? Mais je crois en avoir donné le motif en parlant du combat judiciaire dont la formule était aussi le démenti. C'est parce que l'Écriture date le premier crime, non pas du meurtre d'Abel, mais du premier mensonge ; c'est parce que l'auteur de tout mal a

été surnommé le *père du mensonge.* — « Le premier trait de
» la corruption des mœurs, dit Montaigne, c'est le bannisse-
» ment de la vérité ; car, comme le disait Pindare, l'être vé-
» ritable est le commencement d'une grande vertu et le
» premier article que Platon demande au gouvernement de
» sa république. »

On comprend, d'après cela, comment il se fait que le
duel se soit surtout multiplié chez nous, dans notre société
au moyen âge, car le même auteur nous enseigne, d'après
Salvianus Massiliensis, « qu'aux Français, le mentir et le
» parjure n'est pas vice, mais une façon de parler. — Qui
» voudrait renchérir, ajoute-t-il, sur ce témoignage, pourrait
» dire : que ce leur est à présent vertu. On s'y façonne, on
» s'y forme comme à un exercice d'honneur, car la dissimu-
» lation est des plus notables qualités de ce siècle. » Puis,
Montaigne poursuit avec malice : « J'ai souvent considéré
» d'où pouvait naître cette coutume que nous observons si
» religieusement de nous sentir plus aigrement offensés du
» reproche de ce vice qui nous est si ordinaire que de nul
» autre, et que ce soit l'extrême injure que de nous reprocher
» le mensonge ; sur cela, je trouve qu'il est naturel de se
» défendre le plus des défauts de quoi nous sommes le plus
» entachés. Ne serait-ce pas aussi parce que ce reproche
» semble envelopper la couardise et la lâcheté ? — C'est,
» dit-il, quand on ment, prouver que l'on méprise Dieu et
» que l'on craint les hommes. » Il y a là, dans ces paroles,
l'explication du démenti et de son influence sur les querelles
privées.

Mais un autre point m'a plus vivement préoccupé quand
j'ai voulu sonder la pensée, le motif de cette immolation de
l'homme au point d'honneur. Pourquoi ce sang ? est-il donc
nécessaire de le répandre pour laver une insulte quelquefois
sans importance ? n'y aurait-il pas d'autres moyens d'expia-

tion plus efficaces et moins horribles ? faut-il absolument une victime, un sacrifice ?

Je lisais, à cet égard, dans le livre d'un grand philosophe, aussi remarquable par son érudition que par la force de sa pensée, des réflexions qui m'ont frappé et qui peuvent jeter une mystérieuse clarté sur ce point de notre sujet.

M. de Maistre parcourt le monde entier et en compulse les annales les plus obscures et les plus cachées pour nous y montrer le sacrifice et le sacrifice sanglant établi dans tous les temps, dans tous les lieux et sur la foi d'une tradition universelle et immémoriale, qui a partout enseigné et persuadé partout « que la chair et le sang sont coupables et que le » ciel est irrité contre la chair et le sang ; que, dans l'effusion » du sang, il est une vertu expiatrice ; que le sang coupable » peut être racheté par le sang innocent. » Croyance inexplicable, que ni la raison ni la folie n'ont pu inventer, encore moins faire adopter généralement ; croyance mystérieuse, qui a sa racine dans les dernières profondeurs du cœur humain et qui, dans ses applications les plus cruelles, les plus révoltantes, les plus erronées, se rattache par d'invisibles liens à la plus grande des vérités.

Selon moi, c'est là que se trouve le secret de ce sacrifice que présente le duel. Dès qu'on a considéré le point d'honneur comme une divinité, il n'est pas étonnant qu'on lui ait voué un certain culte et qu'il ait eu des sacrifices de sang.

Après ces réflexions sur les origines philosophiques du duel et maintenant que nous savons, par à peu près s'entend, ce qu'il fut et ce qu'il se proposa, voyons de l'étudier dans l'état actuel de nos mœurs.

Pour les hommes de nos jours, le duel est encore la juridiction de l'honneur. On le considère comme l'unique moyen de suppléer à l'insuffisance de lois. C'est l'idole ren-

versée à laquelle pourtant on sacrifie. Un homme d'état,
grand par la position qu'il occupe dans la société autant
que par le génie, disait naguère : « Il y a dans le monde
» des sentiments, des intérêts, de nobles passions, qui ne
» peuvent être protégés que par le duel. » — « En effet, disait
» un avocat distingué qui a rapporté ces paroles, il faut
» savoir le dire et le penser, il n'est pas un homme qui,
» après un de ces outrages que la justice humaine ne sait
» ni ne peut venger, ne mît sa mère ou sa sœur sous la
» protection de son épée. »

C'est une singulière convention, pourtant, que celle par
laquelle deux hommes qui ont perdu leur estime réciproque,
conviennent de se battre d'après certaines règles, jusqu'à
ce que l'un d'eux n'existe plus.

Le duel, dit-on, est une sorte d'épreuve où l'homme
dont l'honneur a été mis en question prouve à son adversaire, que la vie, ce que l'homme a de plus précieux ici-bas,
il ne la met au-dessus de l'honneur, puisqu'il la sacrifie
généreusement. Par le duel, deux hommes qui se sont
outragés se régénèrent dans une commune démonstration
de courage. Ils s'assurent réciproquement de leur bravoure
et de leur dignité respectives, tandis que la honte poursuit
celui qui n'est pas capable de faire abnégation de lui-même.

Voilà bien le préjugé, mais j'avoue que je n'en comprends
pas la raison. Je ne comprends pas comment l'honneur peut
être réparé par une telle épreuve, je ne vois là qu'un meurtre et une victime.

Pour bien comprendre et bien apprécier le duel dans sa
nature philosophique, soit dans l'ancienne société, soit dans
la nouvelle, il faut l'examiner au point de vue le plus
élevé, voir ce qu'il est en réalité et de quel principe il dé-
coule. Or, il me paraît résulter de la guerre. Il a, d'après
moi, une origine commune avec les grandes luttes de nation

à nation, ou plutôt, il est pour les individus ce que la guerre est pour les peuples.

Vous vous rappelez qu'en l'étudiant dans l'ancienne société et dans ses diverses phases, nous avons dû reconnaître qu'il reposait principalement sur la force physique. Bien que modifié selon les circonstances, ce principe est resté, et le duel, encore aujourd'hui, quoi qu'on puisse en dire, n'est qu'un hommage à la force brutale.

S'il en est ainsi, le duel, né de la guerre, aura le même principe, découlera des mêmes sources; et, pour le juger, il sera nécessaire préalablement d'examiner, en quelques mots seulement, le but et la raison de la guerre entre les peuples, question toujours difficile et sur laquelle les philosophes se sont souvent divisés. Permettez-moi, messieurs, quelques réflexions à cet égard.

La guerre me paraît être incontestablement la conséquence de la lutte que les deux principes qui se partagent le monde, le bien et le mal, ont engagé depuis la création. Composé de vertus et de vices, de qualités et de défauts, l'homme, suivant l'inflexible loi de sa destinée, s'est avancé dans le temps pour accomplir l'œuvre laborieuse de sa rédemption. Roi de la création, sa mission était de dompter la terre et de la soumettre à son empire. Ses droits illimités s'étendaient à la fois sur tout ce qui l'entourait. Mais, en contact avec ses semblables propriétaires universels comme lui, ces mêmes droits se trouvèrent nécessairement modifiés dans une sorte de communauté générale. Or, comme les passions humaines, alors comme aujourd'hui, s'opposaient au maintien de cette communauté que des esprits malades ont pu rêver encore de nos jours, il dut s'opérer un partage de fait; chacun crut avoir un droit exclusif sur le coin de terre que, le premier, il avait fertilisé, qu'il avait arrosé de ses sueurs, et on finit par lui reconnaître ce droit

Mais, avant de passer dans le droit positif où il forme, comme aujourd'hui, un principe fondamental que les révolutions essaieraient en vain de renverser, ce droit de propriété dut éprouver bien des vicissitudes ; des luttes nombreuses durent s'engager entre ceux qui le revendiquaient d'une part et ceux qui voulaient le méconnaître de l'autre. Or, comme en ces temps la force brutale était le seul moyen d'action, le combat privé qui répondait parfaitement aux passions de l'homme se produisit et régna.

Les sociétés à leur naissance sont, on le sait, comme les individus ; elles ont leur caractère indompté, leurs nécessités, leurs injustices. Le sentiment du droit, chez les peuples comme chez les individus, se développe et se règle par l'éducation, l'expérience, la raison ou les lois. Aussi, y eut-il des luttes pour faire reconnaître et pour asseoir les droits des sociétés entre elles, comme dans l'état primitif il y avait eu lutte pour l'établissement de la propriété privée, et toujours pour moyen d'action la force physique. La guerre s'établit donc entre les peuples pour faire reconnaître le droit ; et comme elle eut pour conséquence de soumettre l'homme à l'homme, une nation à une nation, l'orgueil proclama que la force et une certaine bravoure seraient l'enseigne de la gloire et de l'honneur. Telles sont les idées, les notions premières, que l'histoire et la philosophie nous donnent de l'origine de la guerre.

Maintenant faut-il en reconnaître la légitimité ? Est-elle fondée sur un véritable droit ? La société peut-elle sacrifier la vie de certains de ses membres à l'intérêt du plus grand nombre ? Écoutons sur ce point le génie de Bossuet : « S'il » venait un homme, ou du ciel, ou de quelque terrain connu » et inaccessible, où la malice des hommes n'eût pas encore » pénétré, à qui l'on fît voir tout l'appareil d'une bataille, sans » lui dire à quoi tant de machines épouvantables, tant

» d'hommes armés sont destinés, il ne pourrait croire autre
» chose, sinon que l'on se prépare contre quelque bête fa-
» rouche ou contre quelque monstre étrange, ennemi du
» genre humain; que, si on venait à lui dire que cela se
» prépare contre des hommes, il ne faut point douter que ce
» récit ne lui fît dresser les cheveux, qu'il n'eût en abomi-
» nation une si cruelle entreprise et qu'il ne maudît, mille
» et mille fois, ceux qui l'auraient conduit sur une terre si
» inhumaine. » C'est qu'en effet il sera toujours difficile de
décider en principe si les sociétés ont le droit d'ordonner le
sacrifice de la vie.

Quelle est donc la destinée de l'homme en paraissant sur
la terre, s'écrie un autre philosophe? quelle est l'importance
de sa vie? Est-ce un simple accident? est-ce un pur don
du hasard que l'on reçoit, que l'on perd, sans aucune conséquence pour le passé, le présent ou l'avenir, sans aucune
importance pour l'humanité toute entière? Non sans doute,
la vie de l'homme n'est pas un simple accident. C'est de
Dieu qu'il la tient, et il semble que Dieu seul puisse lui en
demander compte. Au reste, ces mêmes philosophes, et ils
sont aujourd'hui nombreux, qui prétendent qu'il serait
temps enfin d'allumer le phare de la raison et de la morale
sur nos tempêtes politiques, de formuler le nouveau symbole social que le monde commence à comprendre, c'est-à-
dire, le symbole d'amour et de charité entre les hommes ou
la politique évangélique, ces philosophes, dis-je, contestent
à la société, par voie de conséquence, le droit d'appliquer
la peine capitale et lui reprochent de donner elle-même
l'exemple du meurtre.

Quoi qu'il en soit de ces controverses, qui attendront
longtemps encore probablement une solution complète, je
n'examinerai que la guerre, et encore non pas d'une manière absolue. Je distinguerai deux sortes de guerres : la

guerre ayant pour but de défendre ou de revendiquer un droit méconnu, et que j'appellerai guerre licite, et la guerre d'invasion ou d'agression, sans motif plausible, guerre illicite que rien ne pourrait justifier à mes yeux.

Il est rationnel que les sociétés, par cela seul qu'elles existent, aient le droit de repousser la force par la force, en vertu de ce droit qu'elles ont, aussi bien que les individus de se conserver, ce qui est même pour elles un devoir. Elles peuvent donc incontestablement se battre, et ce droit légitime est consacré par la loi naturelle, par cet instinct de conservation commun à tous les êtres.

Au contraire, la guerre d'invasion, dont le mobile est l'ambition, le but, l'asservissement du vaincu, ne saurait être légitimée : elle est injuste. Les sociétés n'ont pas le droit de l'ordonner, car elles violent directement tous les principes de justice et d'humanité.

Je n'admets pas davantage la guerre qui aurait pour but d'imposer par le fer, à un peuple qui ne demande que la paix, les bienfaits d'une civilisation souvent très-contestable. Et quelqu'intérêt que nous ayons à le taire, nous que la fortune des armes éleva naguère si haut, il faut bien reconnaître qu'il se trouverait peu de guerres, soit dans les temps anciens, soit dans les temps modernes, que l'on pût justifier au point de vue des idées chrétiennes et humanitaires.

Si le duel, comme je le soutiens, n'est qu'une espèce de guerre produite par les mêmes motifs, par cet instinct de conservation de notre personnalité physique et morale, ce que j'ai dit de la guerre doit s'appliquer au duel.

Je n'ai admis la guerre, qu'autant qu'elle s'attachait à un intérêt général et légitime. Le duel devra être proscrit, s'il ne présente lui-même cette double condition. Or, je ne la trouve ni dans le combat judiciaire ou jugement de Dieu des premiers temps, ni dans les guerres privées du moyen-âge, ni dans le duel proprement dit de notre époque.

Le combat judiciaire légal, puisque la loi l'admettait, n'était pas cependant légitime aux yeux de l'humanité, car la sanction de la loi positive importe peu et ne change pas le caractère du fait. En le mettant au rang des preuves, qu'avait-on voulu faire? Le mettre au service de la justice, en faire la sauvegarde d'un des intérêts sociaux les plus graves; mais on s'était trompé. Et si la barbarie des mœurs du temps explique cette erreur que l'intention excuse jusqu'à un certain point, il n'en est pas moins vrai que l'institution était condamnable.

Les guerres privées que nous avons vu surgir dans la seconde période de Louis IX à Charles IX n'avaient pas même une excuse, c'était des luttes de donjon à donjon, de fief à fief, immoral passe-temps d'une caste oisive et guerroyeuse.

Quant au duel proprement dit, né du point d'honneur, il ne se rattache à aucune espèce d'intérêt public, et compromet, au contraire, les intérêts sociaux les plus graves.

Le duel, messieurs, est donc un malheureux et absurde préjugé, examiné au point de vue le plus général; mais, examiné d'une manière plus spéciale, on ne tarde pas à s'apercevoir, en outre, qu'il est contraire à l'ordre public, aux lois et à l'humanité. Je vais le démontrer, en le rapprochant des principes fondamentaux sur lesquels doit reposer toute société civilisée.

En premier lieu, je dis que cette institu n barbare est contraire aux principes religieux; c'est qu'en effet elle constitue un acte de vengeance et qu'elle viole manifestement tous les préceptes de la doctrine chrétienne. La religion nous défend la vengeance; il est écrit, dans la loi de Dieu, que l'homicide est le plus grave de tous les crimes; on y lit ce principe absolu et immuable : *Non occides, tu ne tueras* point; c'est une consécration divine de la vie humaine. On y lit encore : Tu pardonneras à ton ennemi, tu lui pardonneras les offenses qu'il aura pu te faire. Comment pourrait-on donc concilier ces prescriptions avec le duel, qui n'est qu'une vengeance, une criminelle expression de l'orgueil humain dans la barbarie. Non, il n'y aura pas de pardon pour celui qui a répandu le sang de son frère. Ceux qui frapperont de l'épée, périront par l'épée. L'Eglise repousse le meurtrier; elle a horreur du sang, *Ecclesia abhorret sanguine.* Et cependant des penseurs modernes, hésitant encore sur les moyens à prendre contre le duel, ont imaginé de le justifier entièrement par les doctrines même de l'Evangile. Aussi avancés que cet auteur d'un certain traité sur le duel, qui avait prétendu que Caïn et Abel s'étaient battus en champ-clos, ils soutiennent que l'égalité morale et individuelle, combinée avec cette abnégation de soi-même, qui forment le fonds des doctrines du christianisme, ont produit et doivent nécessairement produire le duel; et ils trouvent, d'ailleurs, la vengeance justifiée par l'Ecriture sainte elle-même qui admet la peine du talion, et dans la tradition qui fait du Dieu des chrétiens, le Dieu des combats.

L'espace me manque pour répondre à ces systèmes mal définis qui ne se comprennent pas eux-mêmes et qui, sous une couleur de civilisation, nous refouleraient aux plus mauvais jours de la barbarie.

Le duel n'est pas moins contraire aux règles de la morale qu'à celles de la religion. La morale a ses lois absolues, immuables et tout-à-fait indépendantes du caprice de l'opinion. N'y a-t-il pas quelque chose de blessant pour la raison publique, pour la conscience du genre humain, dans ces luttes où, comme dans les cirques d'autrefois, deux hommes viennent s'entre-tuer pour le motif souvent le plus insignifiant? Je l'ai déjà fait remarquer, ces hommes qui sacrifient ainsi leur vie pour ce qu'on appelle un point d'honneur, ne songent pas qu'ils disposent d'un bien qui n'est pas le leur. Membres de la société, ils se doivent à leur famille, ils ont promis le tribut de leurs efforts et de leur activité à l'amélioration de l'intérêt de tous. Ils violent donc le pacte social en même temps qu'ils frappent une famille dans ses affections et quelquefois dans son existence matérielle ; et puis, il a beau se draper dans le manteau du point d'honneur, celui qui a violé le précepte : *tu ne seras point homicide ;* sinon dans l'opinion, du moins au fond de sa conscience, il y aura quelque chose qui le poursuivra toujours. Il verra continuellement, dans les rêves de son imagination inquiète et surexcitée, le spectre de la victime qu'il immola. Ce tourment sera de tous les instants, et l'on a eu raison de dire que pas un homme de cœur, s'il a eu le malheur de donner la mort à son adversaire dans un duel, n'a vécu sans remords et sans maudire depuis ce fatal moment. C'est que la conscience ne s'aveugle qu'un instant et qu'aux yeux de la loi morale les actions sont jugées d'une manière absolue.

Le duel est encore contraire à l'humanité, car, répandu partout, chez presque tous les peuples modernes, il y moissonne souvent les hommes les plus essentiels, les plus précieux.

Le duel est surtout contraire à l'ordre public, et, sous ce rapport seulement, il mériterait d'être sévèrement réprimé. Deux principes, dit M. Dupin, et c'est ici qu'il convient de reproduire son énergique langage contre le duel, sont écrits depuis longtemps dans notre droit public. Le premier, c'est que toute justice émane du roi. Le second, c'est que le roi seul déclare la guerre et fait les traités de paix. Eh bien ! que fait le duelliste ? Il usurpe ce double pouvoir de l'autorité souveraine, et comme ces principes existent depuis longtemps, c'est avec raison que l'ancien législateur avait déclaré le duel crime de lèse-majesté. Dédaignant les réparations que la société lui offre par des voies régulières, le duelliste se constitue juge et bourreau dans sa propre cause. Dès-lors, il trouble l'ordre des juridictions et porte atteinte aux principes constitutifs de la justice sociale.

Enfin, messieurs, le préjugé du duel, indépendamment de tous ces motifs qui rendent sa répression indispensable, est encore et particulièrement condamné par la raison. Rien n'est comparable assurément à l'absurdité et à l'iniquité de ses résultats.

C'est ici que je vais répondre aux objections des partisans du duel, et que j'examinerai la valeur des motifs sur lesquels ils se fondent.

Un homme outragé veut se venger, soit parce que la loi n'a pas prévu l'injure qu'il a reçue, soit parce qu'elle ne la punit pas d'une manière suffisante : je le comprends sans l'approuver; c'est dans la nature du cœur humain. Mais qu'il se fasse tuer pour laver cette offense dans le sang, voilà où je n'aperçois pas trop la satisfaction. La magnifique explication que l'on donne de ce problème, vous la connaissez déjà, il faut réparer les atteintes portées à l'honneur. Mais qu'est-ce donc que l'honneur dans la pensée des partisans du duel? Je croirais aisément qu'ils l'ont toujours confondu avec l'amour-propre, qui consiste dans le désir de l'estime et dans la crainte du blâme. Pour eux, l'honneur est tout-à-fait relatif au milieu social dans lequel ils vivent. Il n'est autre chose que l'harmonie qui existe dans les rapports de l'être avec ce qui l'environne. Tout ce qui trouble donc ces rapports, tout ce qui porte atteinte à ces relations, attaque l'homme, car l'homme vit de considération dans la société. Il a besoin, non-seulement de son estime et de son approbation pour les actes de sa vie, mais aussi de l'estime et des applaudissements de ceux qui l'entourent.

S'il en est ainsi, comme le fait remarquer Rousseau, il y a deux sortes d'honneur : l'honneur réel et l'honneur apparent, que j'appellerai aussi relatif; et souvent, celui-ci pourra se trouver formellement en opposition avec celui-là, c'est-à-dire, que la conscience de l'homme et de l'homme d'honneur, d'après la société, pourra se trouver en opposition avec ses actes.

Lequel de ces deux faudra-t-il préférer? et quel est celui qui a produit le duel? La question ne saurait être douteuse. C'est l'honneur absolu, réel, indiqué par la conscience, qu'il faudra préférer, et très-certainement, ce n'est pas celui qui a produit le duel. La vertu, le vice, l'honneur, l'infamie, la vérité, le mensonge, tout cela ne résulte pas du duel. Au fond, on est vertueux ou malhonnête homme, et l'épreuve du combat ne vous transforme pas. Elle vous laisse tel que vous étiez auparavant; seulement aux yeux de la société, l'honneur apparent vous donne la couleur d'un brave, d'un homme de cœur. On le voit, cet honneur qui a produit le duel ne mérite pas le nom qu'on lui donne, il n'est qu'une vile dissimulation.

C'est avec raison que l'on a fait remarquer que cet usage n'avait point existé dans les sociétés antiques, qui étaient plus vraies, plus franches, sinon plus avancées dans leurs institutions que les sociétés modernes. Personne n'oserait contester l'honneur et la gloire des Grecs et des Romains; pourtant leurs généraux les plus illustres ne s'envoyèrent jamais de cartel pour les provocations les plus graves, pour des outrages qui, de nos jours, d'après les duellistes, devraient être lavés dans le sang. — « Si les peuples les plus » éclairés, les plus braves, les plus vertueux de la terre, n'ont » pas connu le duel, dit Rousseau, il ne peut être une in- » stitution de l'honneur, mais une mode affreuse et barbare, » digne de sa féroce origine. » — « Un homme d'honneur,

« selon le langage d'un grand orateur de l'antiquité, ne
» trempe jamais ses mains dans le sang d'un citoyen. C'est un
» sentiment bien plus doux pour lui d'avoir respecté une vie
» dont il pouvait disposer. C'est ainsi qu'en use un honnête
» homme à l'égard de ses plus grands ennemis, et il le fait
» autant par point d'honneur que par humanité. »

Puffendorf, un des moralistes modernes qui ont le plus
énergiquement attaqué le préjugé du point d'honneur, ne
voit aucune honte à mépriser les injures et à s'abstenir d'en
chercher la réparation dans un combat doublement péril-
leux par l'incertitude de ses chances et par la sévérité de
ses lois.

Un autre philosophe, Grotius, soutient que l'honneur,
n'étant que l'opinion que l'on a des qualités de quelqu'un,
celui qui souffre une injure s'élève au-dessus du vulgaire.
Le duel n'est donc qu'une basse vengeance qui n'aboutit souvent qu'à aggraver les torts du provocateur. « Or, le mot
» *vengeance* est un terme inhumain, disait Sénèque; une âme
» grande et généreuse méprise les injures. La vengeance la
» plus blessante pour celui qui vous offense, c'est de le juger
» indigne de se venger de lui. »

Au surplus, celui qui veut se venger et qui n'a pas assez
de force sur lui-même pour obéir aux prescriptions de la
morale chrétienne, devrait du moins être conséquent dans
son action, et je trouve plus de raison dans le duel des
Italiens qui attendent leur adversaire au coin d'une rue,
pour le frapper à l'improviste et d'une manière certaine.
Sans doute, il y a là une action lâche et condamnable;
mais on sait que la vengeance au point de vue chrétien ne
se justifie en aucun cas.

Je l'avoue cependant, cet acte que nous condamnons, le
duel, n'est pas dans sa véritable et loyale expression sans
avoir quelque chose de chevaleresque. On ne saurait pré-

tendre que l'homme qui se bat manque toujours de vrai
courage. « Il n'y a rien d'insensé, quoi qu'on en dise, s'écrie
» un publiciste, dans ce sentiment réfléchi, dans cet effort
» extraordinaire autant que sublime, qui nous fait affronter
» le trépas pour nous sauver d'une honte indélébile. Mourir
» ainsi, c'est annoblir toute sa vie; — mais, ajoute-t-il, et nous
» ajoutons avec lui, il y a un courage plus grand encore, c'est
» celui qui pardonne. » — « Le vrai courage, dit également
» un écrivain des plus ingénieux, se sert autant de bouclier
» que d'épée. Il consiste dans cette énergie froide qui fait que
» l'homme résiste et se résigne, quelle que soit la gravité du
» danger. Les philosophes du portique l'avaient compris ce
» courage, et l'avaient porté bien haut. »

Le mépris, sans doute, est de tous les supplices moraux
le plus grave qui puisse être infligé à un homme de cœur,
mais il faut qu'à la flétrissure de l'opinion vienne se joindre
le sentiment d'une dégradation réelle; car l'homme que sa
conscience soutient, qui s'est toujours conduit selon les lois
du véritable bonheur, s'inquiète fort peu de l'opinion que
l'on peut avoir de lui. Il se suffit à lui-même; il se roidit
contre le mépris, ou plutôt, le mépris ne l'atteint pas. Le
mépris, au contraire, celui qui fait courber la tête, celui
que l'on ne brave pas parce qu'il est mérité, frappe le duelliste qui, cachant sous les dehors du point d'honneur des
intentions homicides et plein de confiance dans son adresse
à manier l'épée, vient repousser l'outrage par le crime.
C'est de celui-là que le philosophe aurait pu dire avec raison, « qu'il faut qu'il meure parce qu'il a besoin de se faire
» oublier. »

Quand je pense à l'absurdité de ce préjugé du point
d'honneur, qui pousse ainsi les hommes au crime, je ne
puis m'empêcher de me rappeler la réponse spirituelle qu'un
sage de l'antiquité faisait à ses amis qui, trop soucieux

de son honneur, voulaient le forcer à traduire en justice un insolent qui l'avait outragé. — « Si un âne m'avait » frappé du pied, leur disait-il, m'engageriez-vous à plaider » contre lui ? »

Mieux que les plus longs commentaires, cette réponse que l'on pourrait faire aujourd'hui, avec peut-être plus d'à-propos, à toutes les réflexions qui ont été faites sur la nécessité du duel, démontre que ce détestable préjugé repose sur une fausse appréciation des exigences de l'honneur.

J'en ai dit assez pour justifier la proposition que j'avais énoncée relativement au duel en lui-même, et, si je ne me trompe, il doit être évident pour tout le monde qu'il faut le bannir de la société. Au reste, cette conclusion est aujourd'hui celle de tous les esprits sensés. Il n'est peut-être pas d'homme de cœur, qui ne rougit, non-seulement aux yeux de la religion et de la morale, mais même aux yeux de la raison et du sens commun, de faire l'apologie de cet usage barbare; et cependant, chose incroyable! dans ce siècle où la pensée a la prétention de s'être émancipée, on pourrait affirmer qu'il se trouverait fort peu d'hommes qui, malgré les foudres de la jurisprudence, n'en subissent l'empire; c'est que l'opinion, messieurs, est de tous les tyrans le plus despotique et le plus dangereux; l'homme qui sacrifie sa vie pour le prétexte le plus futile n'a pas le courage de lui résister. C'est presque de la lâcheté, que l'on me passe cette expression. Il faut en finir. Si le législateur a pu croire pendant longtemps, que les mœurs n'en étaient pas encore au point où une répression du duel était possible, le doute n'est plus permis aujourd'hui. Partout, on reconnaît que le duel est un crime et qu'il est le résultat de la corruption des mœurs. Une plus longue hésitation serait coupable : puisque nous reconnaissons les malheurs que ce préjugé a engendrés, ayons le courage de le proscrire ; ce sera une des gloires de notre génération.

Mais, à quel système de répression devra-t-on s'arrêter ? Par quels moyens faudra-t-il commencer cette entreprise ? Les législations de nos voisins pourront nous fournir à cet égard d'utiles renseignements ; je les consulterai et je donnerai très-brièvement mon opinion sur ce point, dans une dernière partie qui doit compléter cette dissertation.

La nécessité d'une loi spéciale sur le duel étant bien sentie, voyons quelles devront en être les bases. Dans tout projet, il faut considérer deux choses : l'utilité du projet en lui-même et la facilité d'exécution.

Le but que devra se proposer le législateur sera de réformer les mœurs, ou plutôt de favoriser le développement du véritable honneur. Pour être efficace, il me semble que la loi à faire devrait répondre parfaitement à la spécialité du crime. Il faudrait qu'elle tînt compte du sentiment qui a produit ce préjugé, tel qu'il existe aujourd'hui et qui le soutient ; il faudrait qu'elle s'adressât, par une pénalité spéciale, aux mobiles qui poussent à ces déplorables rencontres. A ces conditions seulement, elle peut espérer à un résultat complet. Plus de ces peines sans proportion avec le crime et surtout sans rapport avec sa nature, elles ont conduit à l'impunité. Quoi qu'on fasse, l'opinion ne verra jamais le caractère de l'assassinat dans l'homicide commis en duel.

Ainsi que je le disais, il ne serait peut-être pas inutile de prendre quelques renseignements chez les peuples voisins plus avancés que nous en cette matière ; toutefois, il serait trop long d'analyser ici les principaux documents législatifs qui ont été édictés pour la répression du duel dans les diverses nations civilisées des deux mondes. Nous ne dirons qu'un mot de leurs bases.

On pourrait prendre pour type la législation de la Louisiane, c'est incontestablement celle qui présente les traits les plus heureux et qui a le mieux réalisé le but qu'elle s'était proposé.

Son auteur, le grand Livingston, a reconnu, comme l'avaient fait tous les grands esprits qui s'étaient préoccupés de la question, que la répression du duel, dans l'état actuel des mœurs, n'était possible qu'à la condition de faire préalablement une bonne loi contre l'injure. Cette opinion avait été celle des l'Hospital, des Sully, des Daguesseau, des Cuvier. Et M. Barthe, ancien ministre de la justice, écrivait en 1837 : « Une loi contre le duel réclame nécessai-
» rement quelques modifications à la loi qui punit l'injure.
» On ne saurait exiger des hommes de se vaincre assez
» pour pardonner les outrages dont ils ont été l'objet. Il faut
» qu'ils trouvent une satisfaction dans la loi, si la loi leur
» interdit de se venger par eux-mêmes. »

Partant de ce point de vue, le législateur de la Louisiane a réprimé sévèrement toutes les offenses de quelque nature qu'elles fussent. Il les énumère avec soin. Un regard équivoque, un geste blessant, un mauvais procédé, un terme de mépris quelconque, peuvent tomber sous l'application de sa loi. Il donne ainsi satisfaction à l'honneur outragé, et en détruisant toute espèce de prétexte de duel, il rend les rencontres à peu près impossibles.

Une fois cette loi faite, il s'occupe de punir le duelliste avec intelligence et de manière à faire impression sur lui; persuadé que celui qui se bat ne craint pas la mort, il le frappe par d'autres moyens.

Que peut, en effet, l'échafaud sur le duelliste, alors que son crime, absous par l'opinion, n'entraîne à sa suite aucune sorte d'infamie. On pourrait invoquer au besoin, pour l'homicide commis en duel, la plupart des arguments qu'un grand homme d'état a consignés de nos jours dans un livre contre la peine de mort en matière politique. Ces deux sortes de crimes, qui se lient à l'opinion, ne sauraient être réprimés par une menace de mort.

Mais à celui qui craint une flétrissure de convention, qu'on lui imprime une flétrissure réelle. Il s'est battu, ou il veut se battre pour que son honneur ne reçoive pas la plus petite atteinte. Eh bien! qu'on le frappe dans son honneur et réellement, qu'il soit puni par où il a péché, et qu'on le prive pour un temps ou pour toujours des droits politiques et même de tout ou partie des droits civils. C'est là ce qu'a fait le législateur dont je parle, et c'est là, selon moi, ce qu'il conviendrait de faire pour notre société.

On pourrait appliquer aux duellistes une peine récemment créée pour les délits politiques : la détention; et, par le bannissement à l'intérieur, l'éloigner temporairement ou à perpétuité du lieu où se trouve la famille de sa victime. Il me semble que ce serait là le moyen de le punir.

Les législations étrangères, presque toutes plus avancées que nous, ont déjà leur loi sur le duel, ou s'occupent en ce moment de la question; et l'on est généralement convaincu que les moyens que je viens d'indiquer sont les seuls que l'on puisse pratiquer utilement. Je pense, dès-lors, pour ce qui me concerne, que la loi du 17 mai 1819, sur les injures et la diffamation, a besoin d'être complétée. Il faut que la loi protége les citoyens dans leur honneur, dans leur dignité, afin qu'il n'y ait plus de ces lacunes qui ont porté l'individu à se faire justice lui-même, au détriment de la morale et de l'ordre public.

Une bonne loi sur l'injure donc, et une répression graduée selon que le duelliste se sera borné à l'appel, qu'il aura poussé les choses jusqu'à la convention, ou qu'il se sera battu, avec des peines sévères et spéciales contre le provocateur et l'instigateur, tels sont les moyens qu'il faudrait employer; mais les peines, je le répète, devront être d'une nature particulière comme le délit.

Une question sera toujours difficile en cette matière, il faut en convenir, c'est celle des témoins. Faudra-t-il les punir comme l'auteur du duel lui-même? On sait que ce ne sont plus les seconds d'autrefois qui se battaient pour de l'argent. Leur intervention, le plus souvent pacifique et toujours pleine de dévouement, peut empêcher bien des combats et les rend à coup sûr moins dangereux. Ils règlent les conditions du combat qu'ils n'ont pu prévenir par leurs exhortations et veillent à ce que la plus grande loyauté ne cesse d'y présider. A mon avis, on devrait les punir, mais de peines moindres, et encore devrait-on les absoudre complètement s'il était établi qu'ils ont fait tout ce qu'ils ont pu pour amener une réconciliation.

La nouvelle loi devrait aussi s'occuper de la juridiction qui devrait connaître de tous ces délits, car c'est là une des questions les plus importantes. Or, deux systèmes peuvent s'offrir et ont été proposés à cet égard. Les uns voudraient les déférer à la cour d'assises; les autres au tribunal de police correctionnelle. Le tribunal de police correctionnelle présente peut-être cet avantage que la répression est plus sûre; les condamnations seraient plus nombreuses, mais elles ne seraient pas, c'est au moins mon opinion, aussi efficaces, car la cour d'assises a toujours dans ses débats un éclat et une solennité salutaires. C'est moins la punition du coupable qu'il faut chercher dans une condamnation que l'enseignement qui en résulte pour ceux qui seraient tentés de l'imiter; or, c'est la cour d'assises qui est le plus à même de donner cet enseignement. Par sa nature, d'ailleurs, ce délit appartient au jury. Ce préjugé, qui se lie étroitement aux mœurs, doit être du domaine de l'opinion ; c'est à elle qu'il appartient d'en connaître. C'est cette même considération qui a fait attribuer au jury les délits de presse.

Mais il ne suffira pas au législateur de réprimer le duel, il faudra surtout qu'il en étudie les sources pour les tarir. Outre la répression de l'injure, il me paraît qu'il y aurait encore quelqu'autre chose à faire. L'ancienne législation avait sa juridiction des maréchaux dont les attributions consistaient à rechercher la cause des querelles et à punir les provocations en duel dans la noblesse. La Prusse a ses cours d'honneur qui se composent d'un corps d'officiers dans chaque régiment et dont la mission, définie dans une loi de 1843, consiste à punir les militaires pour les faits d'inconduite et d'indélicatesse qui ne tombent pas sous l'application des dispositions disciplinaires.

Pourquoi la France n'aurait-elle pas ses cours d'honneur que l'on pourrait organiser, soit dans l'armée, soit dans chaque administration ? Il me semble que l'on arriverait ainsi à prévenir les querelles ou du moins à les pacifier.

J'arrêterai là, messieurs, mes réflexions, que je ne pourrais rendre complètes, regrettant même d'en avoir trop dit sur un sujet aussi important. Laissons au législateur le soin de faire cette loi ; il nous suffisait d'en constater le besoin. Au reste, je n'ai fait que choisir ce qui m'a paru préférable dans les législations étrangères. Il se pourrait que la situation de nos mœurs à l'égard du préjugé exigeât des modifications ; je le crois même. A d'autres donc le soin de résoudre toutes ces difficultés de détail. Pour cela, on pourrait consulter avec fruit un ouvrage remarquable de M. Cauchy, qui contient l'exposé comparé de toutes les législations sur la matière.

Ainsi se trouve rempli, messieurs, le cadre que je m'étais tracé et que je résume en terminant en deux mots.

Le duel que vous avez vu, dans les mœurs et la législation, apparaître, passer et se transformer de tant de manières différentes, que vous avez vu frappé sous l'ancienne législation des peines les plus rigoureuses, n'a pas été prévu par notre Code pénal qui ne contient aucune disposition répressive à cet égard ; mais c'est un préjugé barbare, intolérable, contraire aux intérêts sociaux les plus précieux et qu'il faut se hâter de proscrire.

Instruite par l'impuissance de l'ancienne législation, la nouvelle devra changer de voie, et pour un crime spécial créer des dispositions spéciales. Les peines pourront être la détention et l'interdiction temporaire ou définitive des droits civiques ; la juridiction sera le jury. Enfin, on établirait des cours d'honneur. C'est au moyen de ces mesures que l'on pourrait espérer d'arriver promptement à l'anéantissement de ce coupable préjugé.

Messieurs, j'ai tâché de répondre convenablement à l'appel de vos honorables suffrages, mais je suis loin de croire y avoir réussi. Au reste et pour vous dire toute ma pensée, je n'y comptais pas. Je savais qu'il ne pouvait être donné à celui qui n'a d'autres mérites que la bonne volonté, de parler dignement devant des hommes tels que vous, en un tel lieu, en présence de magistrats moins élevés par leurs illustres fonctions que par le savoir et la vertu. Mes efforts avaient cependant un double but que je serais heureux d'avoir atteint : vous remercier de la confiance que vous m'aviez accordée et appeler en même temps vos méditations sur un sujet qui, vous l'avez vu, ne manque pas de gravité. Sous ce dernier rapport, messieurs, mon travail pourrait avoir son utilité.

FIN.

Contraste insuffisant

NF Z 43-120-14

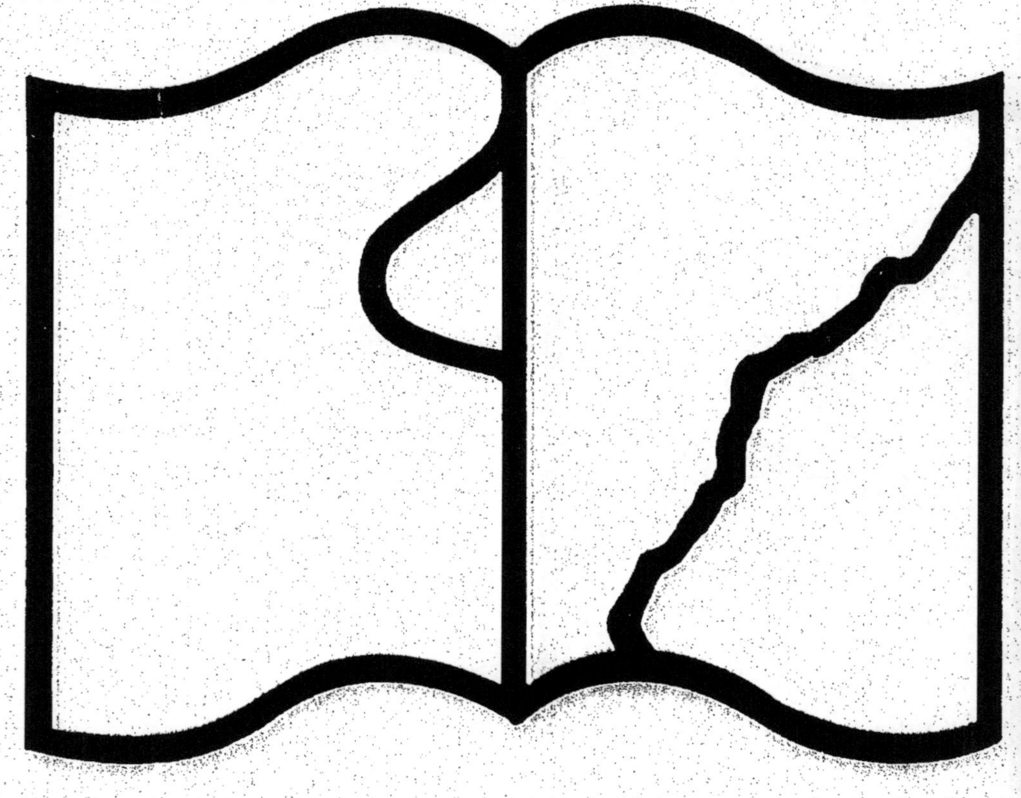

Texte détérioré — reliure défectueuse

NF Z 43-120-11